网店运营推广 1+X 证书制度系列教材

网店运营基础实训

北京鸿科经纬科技有限公司

初级

高等教育出版社·北京

内容提要

本书是网店运营推广 1+X 证书制度系列教材之一，针对《网店运营推广职业技能等级标准》（初级）设计内容，同时配套开发了理论教材《网店运营基础》。

本书共分为四个部分，包括网店开设前期准备、网店装修、网店基础操作和网店客户服务。每个部分涵盖淘宝、速卖通、亚马逊三个平台所需的对应工作任务。每个工作任务按照“任务目标—任务背景—任务分析—任务操作—任务思考”的逻辑体系编写，采用“表单即工单”的活页式编排内容，将学习者的技能体验与学习任务紧密结合，体现“做中学、学中做”的思想，具有较强的实用性。

本书既可作为应用型本科、高职、中职院校电子商务、跨境电子商务、网络营销、移动商务、客户服务、市场营销、连锁经营管理等相关专业的教材，又可作为获取网店运营推广职业技能等级证书的培训教材，还可供电子商务相关从业者和社会人士阅读参考使用。

本书配有在线开放课程、课件、微课等数字资源。本书精选了其中的优质资源，将其以二维码的形式嵌入书中，供学习者即扫即看。其他资源详见书后“郑重声明”页的资源提示。

图书在版编目（CIP）数据

网店运营基础实训 / 北京鸿科经纬科技有限公司编. -- 北京：高等教育出版社，2019. 11

ISBN 978-7-04-053220-3

Ⅰ. ①网… Ⅱ. ①北… Ⅲ. ①网店 – 商业经营 – 高等职业教育 – 教材 Ⅳ. ①F713.365.2

中国版本图书馆 CIP 数据核字（2019）第 275428 号

网店运营基础实训
WANGDIAN YUNYING JICHU SHIXUN

策划编辑 王 沛　　责任编辑 王 沛　　封面设计 王 洋　　版式设计 张 杰
插图绘制 黄云燕　　责任校对 王 雨　　责任印制 尤 静

出版发行 高等教育出版社
社 址 北京市西城区德外大街 4 号
邮政编码 100120
印 刷 中煤（北京）印务有限公司
开 本 787mm×1092mm 1/16
印 张 13
字 数 270 千字
购书热线 010-58581118
咨询电话 400-810-0598
网 址 http://www.hep.edu.cn
http://www.hep.com.cn
网上订购 http://www.hepmall.com.cn
http://www.hepmall.com
http://www.hepmall.cn
版 次 2019 年 11 月第 1 版
印 次 2019 年 11 月第 1 次印刷
定 价 59.80 元

物 料 号 53220-00

网店运营推广 1+X 证书制度系列教材

编委会名单

编写说明

从电子商务技术、电子商务服务到电子商务经济，电子商务行业经历了从具体的技术应用发展到相关产业形成和发展的过程，并通过创新与协同发展融入国民经济的各个组成部分。随着电子商务行业的快速发展，企业对电子商务行业人才技能提出了新的需求，网店运营推广人才需求缺口进一步扩大，使电子商务行业人才培养成为亟待解决的问题。

2019 年 1 月 24 日，国务院印发了《国家职业教育改革实施方案》(以下简称为“职教 20 条”)，明确提出在职业院校、应用型本科高校启动“学历证书 + 若干职业技能等级证书”制度试点(以下简称为“1+X 证书制度试点”)。2019 年 4 月，教育部等四部门印发了《关于在院校实施“学历证书 + 若干职业技能等级证书”制度试点方案》的通知，部署启动 1+X 证书制度试点工作。北京鸿科经纬科技有限公司开发的电子商务领域网店运营推广职业技能等级证书入围第二批职业技能等级证书，参与 1+X 证书制度试点。

网店运营推广职业技能等级证书以社会需求、企业岗位（群）需求和《网店运营推广职业技能等级标准》为依据，对学习者的职业技能进行综合评价，如实反映学习者职业技术能力，促进学校教育的普遍性与电子商务相关行业企业对职业要求特殊性的有机结合。网店运营推广职业技能等级证书以学历证书为基础，对学历证书要求的内容进行强化、补充、拓展。

为落实 1+X 证书对“1”强化、补充、拓展的要求，确保网店运营推广职业技能等级证书的顺利、有效实施，方便书证融通，北京鸿科经纬科技有限公司联合电子商务龙头企业以及职业教育专家，根据《网店运营推广职业技能等级标准》，对应教学标准，对接职业标准，以实际岗位需求为导向，以“学训结合”为原则，以强化职业技能为目标，开发了符合行业发展和职业教育需求的网店运营推广 1+X 证书制度系列教材。本系列教材体现了以下特色：

1. 依据职业技能等级标准，重视课程思政建设，建立健全价值体系

本系列教材以习近平新时代中国特色社会主义思想为指导，坚持正确的政治方向、舆论导向和价值取向，落实立德树人的根本任务。本系列教材依据《网店运营推广职业技能等级标准》，结合《中华人民共和国电子商务法》，针对以互联网、人工智能、大数据、云计算等新技术为背景的新商业，致力于建立健全学生在新的法制环境、商业模式下的价值体系，实现人才培养中社会主义核心价值观、职业道德、法律意识与专业素质的全方位综合培养目标。

2. 开发特色鲜明的职业技能等级证书制度系列教材，实现了在线开放课程和新形态一体化教材的“互联网 +”式互动

根据《网店运营推广职业技能等级标准》，开发了《网店运营基础》《网店运营基础实训》《网店推广》《网店推广实训》《网店运营》《网店运营实训》等教材。同步开发了在线开放课程，建设了微课、动画、视频、课件等类型丰富的数字化教学资源，通过扫描二维码可学习书中的案例、课件、微课、视频等资源，资源类型丰富，提高了学习的便利性和趣味性，实现了在线开放课程和新形态一体化教材的“互联网 +”式互动。

3. 构建科学合理的网店运营推广核心知识、技能体系，解决了课程逻辑构建和内容的取舍问题

核心知识、技能体系的确立是课程内容设置的根本，本系列教材以企业岗位需求为导向，注重课程逻辑构建与内容梳理，凝练行业企业经验，重点突出对网店运营推广核心知识、技能体系的强化、补充和拓展。课程内容注重横向单元的构建和纵向单元的深入，体系健全、逻辑严谨、重点突出、详略得当，既能满足教学需求，又能对接职业要求。

4. 立足标准，聚焦关键工作领域，推动“学训结合”

本系列教材立足标准，聚焦网店基础操作、网店装修、网店客户服务，SEO 优化、SEM 推广和信息流推广，运营规划、商品管理、流量获取与转化、运营分析等关键工作领域。梳理典型工作任务，定向开发了理论教材与配套实训教材，教材内容具有针对性、灵活性、前瞻性等特点，社会及企业认可度高，具有较强的指导性。

前　　言

《国家职业教育改革实施方案》（职教 20 条）提出，鼓励职业院校学生在获得学历证书的同时，积极取得多类职业技能等级证书，即实施“学历证书 + 若干职业技能等级证书”（1+X 证书）制度试点，拓展就业创业本领，缓解结构性就业矛盾，真正培养社会适需的复合型技术技能人才。

为贯彻落实《国家职业教育改革实施方案》，积极推动“学历证书 + 若干职业技能等级证书”制度试点，进一步完善相关行业技术技能标准体系，为技术技能人才教育和培训提供科学、规范的依据，北京鸿科经纬科技有限公司依据当前相关行业发展实际情况，联合行业、企业、院校，组织有关专家开发了《网店运营推广职业技能等级标准》，并在此基础上开发了网店运营推广 1+X 证书制度系列教材。

《网店运营基础实训》依据《网店运营推广职业技能等级证书》（初级）编写，通过学习本书，可以使学习者对网店运营推广形成系统而清晰的认知。

本书在编写过程中，调研了大量的电子商务龙头行业、企业对网店运营岗位的技能要求，形成了如下鲜明特色：

1. 以 1+X 证书制度设计为引领

本书积极贯彻落实国务院发布的《国家职业教育改革实施方案》关于 1+X 证书制度试点要求，加快学历证书和职业技能等级证书互通衔接。重点围绕服务国家需要、市场需求、学生就业能力提升，从电子商务职业技能领域做起，稳步推进网店运营推广 1+X 证书制度试点工作。

2. 形式新颖、活页设计，确保先进性和拓展性

针对一体化教学课程特点，本实训教材以活页形式印制成书，可以根据需要对实训内容进行自由组合，并跟随行业发展和软件升级，灵活补充相关实训任务，确保先进性和拓展性。

3. 多平台、多任务，聚焦关键工作领域，服务典型工作任务

本书涉及亚马逊、速卖通、淘宝等多个实训系统，聚焦网店装修、网店基础操作、网店客户服务等关键工作领域的多个典型工作任务和技能点的训练。针对不同任务的特点，结合配套理论教材《网店运营基础》中的内容，提出任务目标，在拟定的任务背景下进行任务分析，然后通过任务操作引导学生利用所学知识完成任务要求，达到任务目标，最后通过任务思考提出问题，进一步启发学生知识技能迁移能力。通过多平台、多任务的实训，感知不同平台的区别与共性，拓展职业领域和职业能力。

4. 资源丰富，打造三位一体的立体化形态

本书利用二维码提供实训所需的软件操作演示视频、实训案例、核心技能点讲解视频，提高了学习的便利性和趣味性。本实训教材与配套的理论教材无缝衔接，相互配合，打造理论教材、实训教材与课程资源三位一体的立体化形态。

5. 学训结合，立足标准，指导性强

本书是立足于网店运营推广职业技能等级证书考核标准，定向开发的配套实训教材，强化职业技术技能积累，社会及企业认可度高，具有较强的指导性，同时可为网店运营相关从业者和社会人士提供参考。

本书由北京鸿科经纬科技有限公司主持编写，并得到了广东科学技术职业学院、无锡商业职业技术学院、三只松鼠、雷士照明以及高等教育出版社的精心指导和大力支持，在此对各位专家、老师的辛勤工作表示衷心的感谢！

由于网店运营涉及的内容具有较强的时效性，加之编写时间及编者水平有限，书中难免存在不足之处，恳请广大读者批评指正，以使本书日臻完善。

北京鸿科经纬科技有限公司

2019 年 10 月

“网店运营推广”云课程

云课程移动端兑换流程：

1. 刮开教材封底涂层，获得增值服务码；
2. 扫描教材封底或右侧二维码，关注公众号；
3. 注册 / 填写账号，输入本教材封底涂层（带“ITMC”标志）内的增值服务码兑换云课程；
4. 下载 APP 并登录账号；
5. 进入“我的—我的课程”，选择兑换的课程在线学习。

扫描二维码关注公众号

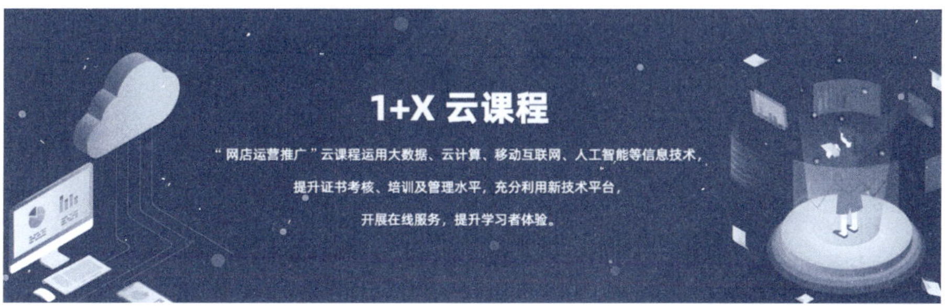

云课程电脑端兑换流程：

1. 登录网址：http://dsrz.itmc.org.cn；
2. 注册 / 登录账号；
3. 进入“我的—兑换中心”，输入本教材封底涂层（带“ITMC”标志）内的增值服务码兑换云课程；
4. 进入“我的课程”，选择兑换的课程在线学习。

二维码资源：

本教材边白处配有二维码资源，可使用智能移动终端扫描学习。

目　录

工作领域一

网店开设前期准备

思维导图

工作任务一　店铺注册及认证（淘宝）

任务目标

1. 能完成个人和企业账号的注册；
2. 能开通个人和企业淘宝店铺。

任务背景

李然是一名电子商务专业学生，毕业后进入杭州艾迪皮具有限公司（以下简称为“艾迪公司”）从事电子商务运营助理工作。因公司业务发展需要，该公司计划在淘宝平台开设一家箱包店。运营主管安排李然负责店铺开设准备与注册认证工作。

任务分析

无论是注册个人卖家账号还是企业卖家账号，为了能快速通过申请与认证，都需要先查询开店条件、准备注册所需资料。

个人和企业都能在淘宝开设店铺，一般先要注册支付宝账号并完成设置，然后注册淘宝账号，并将淘宝账号和支付宝账号进行绑定，再开通卖家账号后申请开店。企业账号申请开店时还要通过企业认证、店铺负责人认证后才能正式开店。

任务操作

一、准备注册所需资料

分析不同类型卖家账号注册条件，根据条件要求，准备注册所需的相关资料，将其填入表 1-1-1。

表 1-1-1　开店卖家信息表

资料	个人卖家	企业卖家
身份证		
营业执照		
商品类目		
支付宝账号		
平台费用		

二、确定账号类型

分析个人卖家和企业卖家账号的不同，确定网店账号的类型，并将其填入表 1-1-2。

表 1-1-2　网店账号类型分析表

账号类型	个人卖家	企业卖家
显示标志		
名称使用		
子账号数量		
发布宝贝数量		
橱窗推荐位		
直通车报名等级		

任务思考

一般情况下，电商平台注册账号时都需要绑定支付账号，第三方支付对电子商务业务的运行有什么重要作用？

《中华人民共和国电子商务法》、淘宝平台规则

■ 工作任务一　店铺注册及认证（速卖通）

任务目标

1. 能根据店铺入驻要求，准备入驻资料；
2. 能完成店铺的注册和实名认证。

任务背景

林峰是一名电子商务专业学生，毕业后进入南京心语服饰有限公司（以下简称为“心语公司”）从事电子商务运营助理工作。因业务发展需要，公司计划在速卖通平台开设一家服装店。公司运营主管安排林峰负责店铺开设的准备与注册工作。林峰接到任务后，马上开始学习速卖通平台开店规则，准备相关资料，申请开通店铺。

任务分析

速卖通平台只允许以企业身份入驻，要想在速卖通平台开店，需要提前注册公司或个体工商户，取得营业执照。另外，速卖通平台规定无商标的商品不允许上架，卖家需要根据自己的开店的实际需求（自有品牌、经营一个品牌、经营多个品牌），选择店铺类型，完成商标注册。

在此过程中需注意时间节点，如果想在速卖通平台进行的一些大型促销活动之前开店，需了解当地营业执照的办理时间、获得商标授权的时间等相关信息，并准备好入驻年费和运营所需资金，以便于在预定的时间内开通店铺，上架商品。

任务操作

一、准备开店所需资料

根据要求，提前准备好开店所需的资料，以方便注册时使用，从而提高注册通过率。开店前，卖家需分析速卖通平台公布的入驻条件和费用说明，了解开店的流程、所需的资料以及相关的要求，并填写表 1-1-1。

1

表 1-1-1　注册店铺资料一览表

资料名称	所需资料
类目	
平台费用	
公司	
对公支付宝	
商标	

二、网店选品

网店开设之前，林峰需在服装类目中选择第一批上架的具体商品。一般情况下，需要先了解速卖通平台服装类的热销商品、热销店铺的品类、主要的价格区间等，通过选品工具确定要售卖的商品，并将相关信息填入表 1-1-2。

表 1-1-2　选品分析表

选品工具	
考虑因素	
货源渠道	

三、确定销售计划

速卖通平台为卖家提供了基础销售计划和标准销售计划两种销售计划，部分类目暂不开放基础销售计划，卖家需根据两种计划的要求和权限，结合企业实际情况，确定合适的销售计划，填写表 1-1-3。

表 1-1-3　销售计划分析表

资料名称	基础销售计划	标准销售计划
注册主体		
开店数量		
年费		
年费结算奖励		
销售计划是否可转化		
功能区别		

任务思考

速卖通平台与亚马逊、eBay、Wish等跨境电商平台相比，对于中国卖家来说有哪些优势和劣势？

■ 工作任务一　店铺注册及认证（亚马逊）

任务目标

1. 能完成亚马逊（美国站）卖家账号注册及相关账户信息完善的操作；
2. 能完成卖家身份认证，开通店铺。

任务背景

张珈迪是一名电子商务专业学生，毕业后进入深圳万谷电子商务有限公司（以下简称为“万谷公司”）从事电子商务运营助理工作。当前，亚马逊启动全球开店项目，正式开始向中国卖家抛出橄榄枝，对中国企业进行招商。公司准备搭上这班全球顺风车，利用现有的商品资源，在亚马逊（美国站）开设一家电子配件店。

运营主管安排张珈迪负责店铺开设准备与注册工作。张珈迪接到任务后，马上开始学习亚马逊（美国站）开店规则，了解所需要的开店条件，申请开通店铺。

任务分析

亚马逊平台有很多不同的账户类型，在注册前需要了解亚马逊平台的账户类型；亚马逊全球有很多站点，不同站点的费用和条件都不一样，注册前要确定注册的站点和经营的类目。另外，关于地址和信息的填写，涉及人名的部分建议按照姓名书写，例如，将张卓写成 zhangzhuo 或 zhuozhang 都可以。

谈到运营，总说“七分靠选品，三分靠运营”，选品对亚马逊平台上的卖家尤为重要，所以，决定在亚马逊开店的卖家首先要选对商品。

任务操作

一、准备店铺注册所需资料

亚马逊相较于别的平台来讲，门槛较高，所以在进行注册之前，需要按照平台要求将相关资料准备齐全，以方便注册时使用，从而提高注册通过率。下面以亚马逊（美国站）为例，准备店铺注册所需资料，请将相关信息填入表 1-1-1 中。

亚马逊美国站注册规则

表 1-1-1　亚马逊（美国站）注册账户资料统计表

序号	资料	要求
1		
2		
3		
4		
5		
6		

二、网店选品

在 Listing 上架之前，需要做一个市场调研来确定哪些产品是热销品，并且结合企业的实际情况来确定售卖的商品，请将相关信息填入表 1-1-2。

表 1-1-2　选品分析表

选品工具	
考虑因素	
货源渠道	

三、确定销售计划

亚马逊平台为卖家提供了专业销售计划和个人销售计划两种，销售计划类型（见表 1-1-3），这两种计划不涉及账户性质，只是享有的功能不同，与注册身份并没有关系。所以在选择销售计划时，需要了解不同计划的费用和权利区别，然后根据企业的实际情况选择合适的销售计划。

表 1-1-3　销售计划比较表

销售计划	费用	权利
专业销售计划		
个人销售计划		

任务思考

如果某家中国国内公司，想在亚马逊（美国站）开店，以下两个站点：

https：//gs.amazon.de 和 https：//www.amazon.com，哪个更合适？

亚马逊账号关联

工作任务二　店铺基本信息设置（淘宝）

任务目标

1. 能完成淘宝店铺基本设置；
2. 能完成不同员工子账号的创建和权限设置。

任务背景

店铺开设成功后，李然开始在淘宝后台进行店铺基础信息的设置。在遵守淘宝平台规则的情况下，卖家可以个性化地展示店铺，让买家对店铺有一个好的印象。

此外，随着店铺发展的需要，艾迪公司招聘了一批工作人员，分别从事运营、美工、客服、管理等岗位，并给不同岗位的员工开放不同的账号权限，以提升网店运营效率。

任务分析

店铺基本设置主要包括店铺名称、店铺简介、经营地址、主要货源、店铺介绍等信息。店铺名称要易记、易传播，最好通过店铺名称就能直接映射出店铺经营内容。店铺简介和介绍要简明扼要，突出想要给买家传达的理念和定位。

子账号管理主要是对从事不同岗位运营工作的人员账号进行开设、部门分派和权限设置，店铺根据运营需要设置不同岗位的子账号及权限，并将其分配给员工。

任务操作

一、设置店铺名称

开店需要一个好的店铺名称，取名一般遵循“简、独、亮、新”等原则，并与店铺经营类目、品牌商标和目标用户等角度相关，试填写表 1-2-1。

表 1-2-1　店铺名称分析表

考虑角度	拟定的店铺名称
经营类目角度	
品牌商标角度	

1

续表

考虑角度	拟定的店铺名称
目标用户角度	

二、分析子账号的作用及与主账号的区别

一般情况，淘宝店铺运营工作人员使用各自的子账号开展日常工作，而不是使用主账号进行操作。因此，了解子账号的基本作用、子账号与主账号的区别等功能是运营人员必须掌握的基本要求，试填写表 1-2-2。

表 1-2-2　子账号分析表

子账号的基本作用	
子账号与主账号区别	

三、分析店铺岗位

结合店铺目前运营现状，确定不同岗位的操作权限，在后台子账号管理中为不同岗位设置不同的子账号，并赋予不同的权限，试填写表 1-2-3。

表 1-2-3　店铺岗位分析表

岗位名称	权限设置
运营岗	
美工岗	
客服岗	
管理岗	

任务思考

一般情况下，为什么要设置子账号而不是用主账号进行店铺管理？

■ 工作任务二　店铺基本信息设置（速卖通）

任务目标

1. 能根据平台店铺名称申请规范完成店铺名称设置；
2. 能完成子账号的创建和权限设置。

任务背景

店铺注册完成后，林峰根据速卖通平台店铺名称申请规范设置店铺名称。随着店铺后期发展的需要，公司需招聘一些员工，分别从事运营、美工、客服、管理等岗位。林峰利用平台提供的子账号功能，创建不同权限的子账号，每个员工使用不同权限的子账号完成相应的岗位职责。

任务分析

速卖通店铺基本信息设置主要完成店铺名称的更改和子账号的创建两个操作。店铺的名称是店铺对外宣传的渠道，应合理设置。子账号是为公司运营人员提供的，不同员工的子账号可以被限定不同的权限，企业需要根据运营实际设置不同岗位的子账号及权限，并将其分配给员工。

任务操作

一、设置店铺名称

开店肯定需要一个好的名字，好的店铺名称通常能反映运营者的特征，或反映主营商品的优良品质，使顾客能简略辨认店铺的运营范围，并激发购买欲望。速卖通开店取名一般遵循“简、独、亮、新”等原则，试填写表 1-2-1。

表 1-2-1　店铺名称分析表

考虑角度	拟定的店铺名称
经营类目角度	
品牌商标角度	

续表

考虑角度	拟定的店铺名称
目标用户角度	

二、分析速卖通子账号

一般情况下，速卖通店铺运营工作人员使用子账号开展日常工作，而不使用主账号进行操作。因此，了解子账号的基本作用、子账号与主账号的区别等功能是对运营人员的基本要求，试填写表 1-2-2。

表 1-2-2　子账号作用分析表

子账号的基本作用	
子账号与主账号区别	

三、分析店铺岗位

结合店铺目前运营现状，确定不同岗位的操作权限，在后台子账号管理中为不同岗位设置不同的子账号，并赋予其不同的权限，试填写表 1-2-3。

表 1-2-3　店铺岗位分析表

岗位名称	权限设置
运营岗	
美工岗	
客服岗	

任务思考

速卖通店铺名称可以随时进行修改吗？如果从员工管理角度考虑，你会怎么来设置子账号，以方便日后的员工管理？

工作任务二　店铺基本信息设置（亚马逊）

任务目标

1. 掌握自发货与 FBA 发货信息设置的差别；
2. 能根据店铺实际情况完成店铺基本信息的设置。

任务背景

综合考虑目前店铺经营现状，运营主管决定选择专业销售计划，要求张珈迪完成账户办公地址和退货地址的添加、选择；设置卖家的介绍，向买家介绍业务情况、公司的理念，亦可设置配送的相关说明、配送政策；关于店铺常见问题解答以及相关的隐私政策等。

因为跨境交易买卖双方存在时差，所以提前设置好买家关心的问题不但能够提高工作效率，还能提高转化率。因此，张珈迪根据店铺实际情况，开始对账户及店铺信息进行相关设置。

任务分析

万谷公司在亚马逊（美国站）上做的是自发货，通常情况下单价较低的商品出售后，一旦产生交易纠纷，为了快速高效地处理纠纷，卖家会选择全部退款或部分退款但不退货的处理方法；如果选择的发货方式是 FBA，那么退货地址与卖家的办公地址和发货地址就不同了，需要填写的退货地址是商品所在的 FBA 仓库的地址。因为跨境电商买家与国内电商买家的关注点不同，所以跨境电商卖家应充分考虑不同国家用户群体的习惯，设置介绍、配送、隐私政策、常见问答等内容时需谨慎。

任务操作

一、设置地址

亚马逊提供自发货和 FBA 发货两种方式，无论是自发货还是 FBA 发货，都存在几个需要注意的地址，即办公地址、退货地址、发货地址等。在正式运营之前，根据用途准确地设置不同的地址，这样做不但能节约物流成本，还能提高订单的处理效率。所以，要从经营成本和购物体验的角度去进行地址的设置。对表 1–2–1 中 2 种发货模式对应的 3 种地址类型，请考虑在选择的时候应该重点考虑哪些因素。

表 1–2–1　地址详情设置表

发货方式	办公地址（请用英文填写）	退货地址（请用英文填写）	发货地址（请用英文填写）	考虑因素
自发货				
FBA 发货				

二、撰写卖家介绍

在此部分中可以介绍公司业务、公司理念、公司规模及目标人群等内容，请填写表 1–2–2。

表 1–2–2　撰写卖家介绍（请用英文填写）

公司业务	
公司理念	
公司规模	
目标人群	

三、确定配送服务

因为跨境交易的周期较长，所以买家对配送服务较为关注，主要包括发货时间以及所采用的物流、配送费用等。因此，需要从买家角度分析确定其关心的配送问题，并给出相应的说明，试填写表 1–2–3。

表 1–2–3　配送分析表

关心的配送问题	相应说明
处理时间	
配送方式	
费用收取	
到货时间	

四、构思常见问题及解答

根据商品和店铺的情况，准确揣测买家的心理需求，然后对其常见的问题进行归类并提供解答，方便买家在浏览店铺的时候自行了解，提高转化率。

1. 发货问题

从买家角度出发考虑其对于发货所关心的常见问题，然后根据这些常见问题设置 Q&A，试填写表 1–2–4。

表 1–2–4　发货问题问答表（请用英文填写）

问题类型	问题	回答
时间		
费用		
地点		

2. 支付问题

跨境电商的支付相较于国内电商来说比较复杂，总结支付方面买家关心的问题，设置好支付相关的 Q&A，试填写表 1–2–5。

表 1–2–5　支付问题问答表（请用英文填写）

问题类型	问题	回答
支付方式		
支付问题处理		

3. 商品问题

跨境交易买卖双方存在时差，很多时候不能及时在线沟通，所以买家关心的相关商品问题的设置变得尤为重要。此部分常见问题设置得合理与否，对于提高转化率至关重要。根据店铺内商品的特性，为不同商品设置不同的常见问题及回复，试填写表 1–2–6。

表 1–2–6　商品问题问答表（请用英文填写）

商品名称	问题	回答
手机壳		
耳机		
手机镜头		
男士智能手表		
女士智能手表		

4. 关税问题

不同国家对不同商品采取的清关方式有所不同，事先针对主要目标国家商品的清关问题进行说明，以方便买家了解，试填写表 1–2–7。

1

表 1-2-7　关税问题问答表（请用英文填写）

清关问题	问题	回答
清关资料		
费用问题		
税费		

5. 价格问题

在亚马逊 Listing 页面中有的价格如图 1-2-1 所示会出现两个不同的价格，对于这两个不同价格进行简单的说明，说明适用条件和折扣，试填写表 1-2-8。

图 1-2-1　亚马逊 Listing 截图

表 1-2-8　价格问题问答表（请用英文填写）

价格问题	问题	回答
List Price		
Price		

任务思考

配送的时间说明通常包括两个部分：订单处理时间和收货时间。如果设置的收货时间是 15 天，为了确保 15 天内各国客户都能收到，在面对不同国家客户的时候，应该如何更合理地安排物流？

工作领域二

网 店 装 修

思维导图

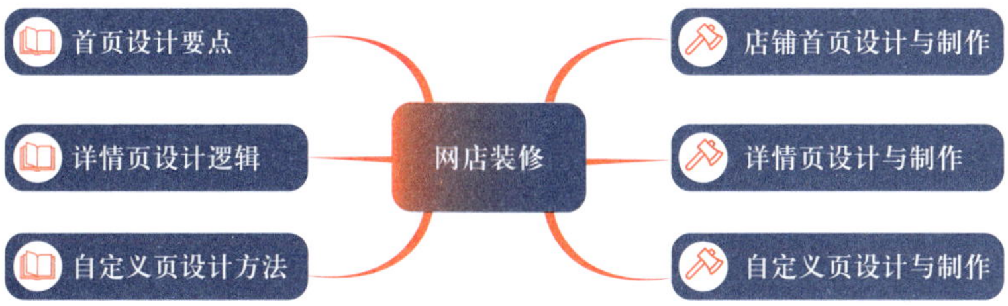

工作任务一　店铺首页设计与制作（淘宝）

任务 1-1　店铺首页视觉设计（淘宝）

任务目标

1. 能完成店铺的视觉识别 VI 设计；
2. 能根据要求制定店铺首页视觉设计方案。

任务背景

店铺开设成功之后，李然开始进行店铺装修，为商品上新做准备。通过分析箱包类目同行业店铺首页视觉设计风格，结合公司店铺商品属性和目标群体特征，进行店铺首页视觉设计。

任务分析

淘宝店铺首页设计方案可以参考同类目优秀店铺首页设计，从视觉和营销数据等方面综合进行分析对比，并结合自己的品牌定位和店铺特色整体进行设计。一个好的店铺首页要具有强烈的视觉冲击力、清晰的信息分层和良好的交互体验。首页设计包括风格和配色方案确定、Logo、店招、Banner 设计、产品展示模块设计等。

任务操作

一、同行业店铺首页视觉设计分析

淘宝首页设计案例

在进行首页设计之前，选取同类目优秀的店铺以及与自己店铺实力和背景相当的店铺，从店铺风格、色彩搭配、字体使用、Logo、Banner、其他模块等方面进行视觉设计分析，为店铺首页的视觉设计做准备，试填写表 2–1–1。

表 2–1–1　同类目热销店铺首页视觉设计分析表

	店铺 1	店铺 2	店铺 3
店铺风格			
色彩搭配			
字体使用			
Logo			
Banner			
其他模块			

二、确定店铺 VI 标准体系

店铺专属 VI 标准体系主要从店铺标志、标准色彩、标准字体等角度来进行设计。VI 标准体系的作用就是利用统一的视觉符号系统，使买家快速识别和认知品牌形象，是店铺和品牌形象最直接也最有效的表达方式，试填写表 2–1–2。

表 2–1–2　店铺 VI 标准体系构成表

店铺标志	
标准色彩	
标准字体	

三、确定店铺首页框架

优秀的店铺框架设计，会提高店铺视觉流线和引导性、逻辑性、关注度。考虑到箱包店铺的主推宝贝，对宝贝推荐、图片轮播设定的区域都会有考量。店铺首页框架设计包括 Logo、Banner、菜单、轮播图、友情链接、宝贝推荐、宝贝排行、个性分类、友情链接等模块，需要考虑顾客浏览的兴趣点与推荐店的结合，提高顾客驻店时间，激发购买欲望，形成店铺视觉闭环，提高转化率，试填写表 2–1–3。

表 2-1-3　店铺首页框架表

页头	
主体	
页尾	

任务评价

请填写表 2-1-4。

表 2-1-4　店铺首页视觉设计评价表

评价方式：主观评价		
评价项目	评价内容	分值
店铺首页视觉设计	1. 同类目优秀店铺分析准确到位	30
	2. 页面风格符合品牌定位和商品特点	30
	3. 首页框架布局合理、模块完整	40
实际得分		

任务思考

箱包类目店铺首页在进行视觉设计的时候，有哪些可以激发客户购买兴趣的方法和技巧？

任务 1-2　店铺首页设计与制作（淘宝）

任务目标

1. 掌握淘宝店铺首页设计的要求和基本设计方法；
2. 能完成箱包类目店铺 Logo、Banner 的设计与制作；
3. 能完成首页其他模块设计与制作。

任务背景

李然确定了店铺首页视觉设计方案后，开始设计制作店铺首页。店铺首页设计包括店铺 Logo、焦点海报图、产品和公司实力展示等模块。一个好的店铺 Logo 不仅可以吸引顾客，增加店铺浏览量，还可以让人记住你的店。Banner 占据网店页面中的黄金第一屏，是对店铺最新商品、促销活动、商品推荐、店铺形象等信息进行展示的区域，是买家进入店铺首页中观察到的最醒目的区域。产品展示模块则可以展示目前店铺热销商品，让买家可以更快速触达商品。

任务分析

Logo 的设计首先追求形体简洁、形象明朗、引人注意，而且易于识别、理解和记忆。其次还要讲究点、线、面、体等设计要素的搭配，符合美学和视觉营销原理。在设计的时候，可以先通过搜索同行业品牌优秀 Logo 寻找灵感，再结合自己店铺的理念和商品确定自己店铺的 Logo 类型：纯文字、纯图形还是图文结合。根据确定的类型以及店铺 Logo 的主要目的，设计文字内容和代表图案。有了基本的雏形后，再去调整配色、字体、角度等，进一步优化直到满意为止。

Banner 设计要目的明确、内容精练，不可过多，一般以图像为主、文案为辅。充分的视觉冲击力可以通过图像和色彩来实现。文案设计思路要清晰，要知道中心主题是什么，衬托文字又是哪些。通过调整文字的疏密、大小、笔画粗细等因素来形成视觉上的平衡。

其他模块设计则综合考虑热销商品展示、公司实力展示等因素。

任务操作

一、设计 Logo

淘宝首页设计规范

在设计文字 Logo 的时候，可以结合店铺、公司名称、店铺缩写、商品特点等方面进行。图形 Logo 胜在视觉吸引力，从商品或者店铺的理念、定位出发，将想要向消费者传递的营销信息通过图形的符号表达出来。图文结合型 Logo 通常是由具象或抽象的图形，结合品牌名称设计而成，试填写表 2-1-5。

表 2-1-5　Logo 设计分析表

内容	文字 Logo	图形 Logo	图文结合型 Logo
尺寸要求			
使用元素			
Logo 颜色			
Logo 字体			
设计方式			

二、设计店招

店招既是一个店铺的招牌，也是展示店铺形象的板块，是店铺装修中的重要环节。买家通过店招的链接地址可以直接从内页到达首页，通过导航链接可以直接到达各推荐页面，试填写表 2-1-6。

表 2-1-6　店招设计分析表

店招尺寸	
店招内容	
链接设置	

三、设计 Banner

Banner 中的商品图片和表现形式会直接影响买家的购买转化率。色彩得当、画质清晰的商品图像能够树立良好的商品形象。Banner 设计对激发顾客对店铺和宝贝的兴趣至关重要。

Banner 设计与制作案例

在 Banner 设计时，宝贝图片的选择应该是店铺当前主推的宝贝，要求图片清晰，箱包宝贝质感表现强，最好有模特摆拍照片更佳。广告文案言简意赅，简洁而不简单，能够引发联想和幽默、关联产品卖点更佳。视觉设计流线倾向于宝贝和卖点，视线聚焦，切忌画面重点散乱无焦点。能用图片就不用文字表达，文字表达聚焦于产品关键信息的传达，切忌面面俱到，没有重点。试填写表 2-1-7。

表 2-1-7　Banner 设计分析表

尺寸要求	
确定主题	
Banner 数量	
选择商品	
文案设计	
页面配色	
字体设置	

四、设计其他模块

店铺首页设计除了 Logo、店招、Banner 之外，产品展示、实力展示以及其他说明模块也是比较重要的，可以结合箱包产品特点设置首页其他模块，试填写表 2-1-8。

2

表 2-1-8　其他模块设计分析表

模块名称	模块内容	设置原因

任务评价

试填写表 2-1-9。

表 2-1-9　店铺首页设计评价表

评价方式：主观评价		
评价项目	评价内容	分值
Logo 设计	1. Logo 设计输出图片符合淘宝平台的要求	10
	2. Logo 图文设计具有一定的创意，店标设计具有美感和一定的视觉冲击力	15
	3. Logo 图文设计要符合店铺经营定位、商品定位，能准确传达店铺名称	25
Banner 设计	1. Banner 图片与店铺的主题一致	5
	2. Banner 图片中的文字字体、颜色等视觉效果统一，具有明确的可阅读性	10
	3. 网店 Banner 设计具有吸引力并且具有一定的营销导向	10
	4. 网店 Banner 整体设计能够提高店铺整体风格	10
	5. 网店 Banner 符合淘宝平台要求	5
其他模块设计	热销产品展示等其他模块设置合理，能体现店铺特点	10
实际得分		

任务思考

Banner 设计时，如何安排宝贝营销的视觉逻辑，使客户能够聚焦宝贝卖点，提高转化率？

■ 工作任务一　店铺首页设计与制作（速卖通）

任务 1-1　店铺首页视觉设计（速卖通）

任务目标

1. 掌握店铺风格确立的方法；
2. 能根据要求完成服装类目店铺首页视觉设计。

任务背景

通过账号注册、企业认证和在线考试，心语公司的速卖通店铺已经开设成功。在速卖通平台，视觉营销是最有效的手段。林峰接下来要做的事情就是进行店铺装修，首先要完成的是首页视觉设计。速卖通平台首页包括哪些组成部分呢？在视觉规范和视觉营销方面如何做好店铺的首页呢？带着这些问题，林峰开始了接下来的工作。

任务分析

首页设计对任何一个电商平台来讲都十分重要，速卖通平台也不例外。每个店铺都应该有自己的风格定位，通过风格来突出主题。只有经过精心设计的店铺首页，才能够给买家留下深刻的印象。

速卖通平台进行店铺首页装修，首先要解决色彩搭配、字体使用、Logo 设计等方面问题，以便确定店铺 VI 标准体系，完成店铺首页视觉设计。

任务操作

一、分析同行业店铺首页视觉设计

从店铺整体风格、色彩搭配、字体使用、Logo、Banner 等方面进行视觉设计分析，扬长避短地为接下来自己店铺首页的视觉设计做准备。

2

1. 女装类热销店铺首页视觉设计分析

请填写表 2–1–1。

表 2–1–1 女装类热销店铺首页视觉设计分析表

店铺名称		
分析要点	优点：	缺点：
色彩搭配		
字体使用		
Logo 设计		

2. 男装类热销店铺首页视觉设计分析

请填写表 2–1–2。

表 2–1–2 男装类热销店铺首页视觉设计分析表

店铺名称		
分析要点	优点：	缺点：
色彩搭配		
字体使用		
Logo 设计		

二、确定店铺 VI 标准体系

VI 标准体系的作用就是利用统一的视觉符号系统，使买家快速识别和认知品牌形象，是店铺和品牌形象最直接也最有效的表达方式，其主要从店铺 VI 标准体系的店铺标志、标准色彩、标准字体等角度来进行设计，试填写表 2–1–3。

在设计店铺 Logo 时，首先要准确地把店铺的形象与概念转化为视觉形象，而不是简单地表现某个商品，要通过创意展现商品个性。Logo 的设计首先要追求形体简洁、形象明朗、引人注意，且易于识别、理解和记忆。其次，还要讲究点、线、面、体等设计要素的搭配，符合美学和视觉营销原理。

表 2–1–3 店铺 VI 标准体系确定表

项目	分析内容
店铺标志	
标准色彩	
标准字体	

任务评价

请填写表 2–1–4。

表 2–1–4　店铺首页视觉设计评价表

评价方式：主观评价		
评价项目	评价内容	分值
同行业店铺首页视觉设计分析	1. 选取的店铺具有代表性	25
	2. 分析细致到位	25
确定店铺 VI 标准体系	1. 店铺标志醒目、新颖	20
	2. 色彩能够反映商品特点	20
	3. 字体选择合适	10
实际得分		

任务思考

服装类目店铺首页在进行视觉设计的时候与箱包类目相比，侧重点有哪些不同？

速卖通店铺首页设计案例

任务 1–2　店铺首页设计与制作（速卖通）

任务目标

1. 掌握速卖通平台首页框架的构成要素；
2. 掌握速卖通平台点评首页制作的流程；
3. 能根据店铺的经营特色完成店铺首页的设计与制作。

任务背景

林峰确定了店铺整体视觉设计方案后，开始对店铺首页具体内容进行装修。在装修之前，首先要确立速卖通店铺的首页基本框架，然后根据店铺首页视觉设计完成框架内各部分内容的制作。店铺的首页相当于一家实体店的门面，速卖通店铺的首页需要传达店铺主体和企业形象等内涵因素，也需要通过首页的一些要素来提升顾客对店铺的辨识度和粘连度。

任务分析

一个完整的速卖通首页一般包括页头、首屏、主体和页尾四个部分，在首页设计时首先要保证内容完整、布局合理。首页的整体效果会直接影响买家能否在第一时间产生浏览或购买欲望。店铺首页要做到最大限度地提升流量转化，店铺首页设计需要做到主次分明、中心突出和区域划分明确。

任务操作

一、确定店铺首页框架

搭建店铺首页框架不是简单地把商品罗列到店铺中，而是要通过科学合理的组合排列进行展示，试填写表 2–1–5。

表 2–1–5　店铺首页框架构成要素表

项目	构成要素
页头	
首屏	
主体	
页尾	

二、店铺首页设计与制作

1. 店铺 Logo 设计

Logo 设计的时候，可以结合店铺、公司名称、店铺缩写、商品特点等方面进行，试填写表 2–1–6。

表 2–1–6　店铺 Logo 设计分析表

设计思路	
表现形式	

2. 页头部分设计与制作

页头部分包括店招和导航。店招是一个店铺的招牌，也是展示店铺形象的板块，是店铺装修中的重要环节。导航条的作用是作为店铺产品的分类导航，店铺热搜关键词也可以放在导航条中。试填写表 2–1–7。

表 2–1–7　店招设计分析表

店招尺寸	
链接设置	
导航条内容	

3. 轮播海报的设计与制作

首屏的基本元素一般包括轮播海报、主推信息、客服和所有分类等信息，原则上主推分类和所有分类不可共用。请填写表 2–1–8 关于轮播海报设计的内容。

表 2–1–8　轮播海报设计分析表

海报主题	
海报内容	
图片选择	
文案设计	

4. 主体部分设计与制作

主体部分包括分类标题、分类海报和分类商品列表等信息，速卖通上大量商家将店铺商品进行分类，在店铺内以分类商品的形式进行展示，方便买家选购，试填写表 2–1–9。

表 2–1–9　主体部分设计分析表

标题	
展示方式	
商品选择	
推荐原因	

5. 页尾部分设计与制作

页尾部分位于首页最底部，主要功能是提供辅助性的说明，专业的速卖通店铺往往会在页尾部分设置相关选项供卖家再次返回店内其他部位，提升用户对店铺的访问深度。另外，还会设置店内搜索框、买家须知、快递说明、联系方式等相关内容，试填写表 2–1–10。

表 2–1–10　页尾部分分析表

内容选择	
意图分析	

任务评价

试填写表 2–1–11。

表 2-1-11 店铺首页设计评价表

评价方式：主观评价		
评价项目	评价内容	分值
店铺首页框架	1. 店铺整体框架较为完整	15
	2. 店铺内各部分内容设置合理	15
店铺首页的设计与制作	1. 页头部分能突出店铺特色	15
	2. 首屏部分设计新颖，能吸引消费者注意力	20
	3. 主体部分商品选择合理	20
	4. 页尾部分能够提高消费者的访问深度和驻留时长	15
实际得分		

任务思考

轮播海报的文案设计有什么特点？服装类目的文案设计从哪些角度切入比较好？

工作任务一　店铺首页设计与制作（亚马逊）

任务 1-1　店铺首页视觉设计（亚马逊）

任务目标

1. 掌握店铺风格定位的方法；
2. 能完成电子配件类目店铺首页视觉设计。

任务背景

亚马逊平台允许品牌所有者设计和创建多层次页面品牌旗舰店，以在亚马逊平台上展示自己的品牌、商品和价值理念。万谷公司为品牌电子配件销售公司，拥有品牌使用权限。

万谷公司亚马逊店铺开设成功之后，张珈迪开始进行店铺装修，为商品上新做准备。店铺首页视觉设计要体现过硬的商品品质、出色的品牌文案、独特的品牌文化和高清的商品图片，以给顾客留下良好的购物体验，提高转化率。

任务分析

通过亚马逊平台搜索电子类目，选取与本店商品相似的 Amazon 品牌店铺，从店铺整体风格、色彩搭配、字体使用、Logo、Banner 等方面进行比较分析。根据公司 VI 标准体系，应用系统准则，完成店铺首页视觉设计。并根据自己对店铺的样式构思并参考其他卖家的店铺，进入卖家系统后台，在“店铺”中选择“销售规划和布局”确定适合的页面布局。

任务操作

一、分析同行业店铺首页视觉设计

从店铺风格、色彩搭配、字体使用、Logo、Banner 等方面进行视觉设计分析，取其所

长，避其所短，为接下来自己店铺首页的视觉设计做准备，试填写表 2-1-1。

表 2-1-1　同类热销店铺首页视觉设计分析表

店铺名称			
店铺风格			
色彩搭配			
字体使用			
Logo			
Banner			

二、确定店铺 VI 标准体系

亚马逊店铺 VI 标准体系既要考虑商品品牌 VI 特点，又要考虑目标用户人群所在国家的文化习俗。在亚马逊平台中，品牌 Logo 有固定的区域和大小要求。对于品牌商品来讲，店铺标志、标准色彩，一般不需要重新进行设计，以公司标识系统为准，在亚马逊平台按照商品公司标识系统、标准字体进行应用呈现。请填写表 2-1-2。

表 2-1-2　店铺 VI 标准体系确定表

店铺标志	
标准色彩	
标准字体	

三、确定店铺首页框架

在亚马逊卖家系统后台，可以对销售规划进行布局。卖家需要对自家电子配件店铺的结构来进行构思，做好布局规划，试填写表 2-1-3。以此为基础，在布局中进一步添加内容样式功能模块。

表 2-1-3　店铺首页框架构成表

页头	
内页	
页尾	

任务评价

请填写表 2-1-4。

表 2-1-4　店铺首页视觉设计评价表

评价方式：主观评价			
评价项目	评价内容		分值
店铺首页视觉设计	1. 确定店铺 Logo 设计		25
	2. 确定店铺标准色和色彩搭配风格		25
	3. 确定店铺结构		25
	4. 规划店铺字体应用		25
合计得分	100 分	实际得分	

任务思考

与其他类目相比，电子配件类目店铺首页在进行视觉设计的时候，侧重点有哪些不同？怎样突出电子配件类目店铺首页的科技感？

亚马逊店铺展示

任务 1-2　店铺首页设计与制作（亚马逊）

任务目标

1. 掌握亚马逊平台 Logo、Banner 尺寸要求；
2. 掌握亚马逊平台店铺首页文字、图形的使用规范；
3. 能完成电子类目店铺的 Logo、Banner 设计、制作和上传。

任务背景

店铺的基本信息设置完成后，张珈迪确定了店铺整体风格，开始对店铺进行装修。一个好的店铺 Logo 和 Banner 不仅可以吸引客户，增加店铺的浏览量，还可以让客户记住你的店。张珈迪在公司 VI 视觉系统的基础上开始设计制作店铺首页的 Logo、Banner、热销产品展示以及公司实力展示等模块。

任务分析

亚马逊平台店铺 Logo 设计要准确地把店铺形象与概念转化为视觉形象，而不是简单地表现某个商品，要通过创意展现商品个性。Logo 的设计要追求形体简洁、形象明朗、引人注目。Banner 设计要目的明确、内容精练。图像设计需要高清呈现商品卖点和质感。文案简洁凝练突出卖点。画面构成需要聚焦卖点，突出营销效果，提高转化率。热销商品展示、公司实力展示等模块要综合考虑品牌特色和店铺商品特色来设计与制作。

任务操作

一、Logo 设计

亚马逊平台的 Logo 设计力求简洁，可以由具体或抽象的图形，结合品牌名称设计而成，一般不要出现中文，试填写表 2-1-5。

表 2-1-5　Logo 设计分析表

类型内容	文字 Logo	图形标志	图文结合型 Logo
尺寸要求			
使用元素			
Logo 颜色			
Logo 字体			
设计方式			

二、Banner 设计

亚马逊平台的店铺 Banner 可以围绕品牌形象、店铺活动、热销商品等来设计。图形和文字要表述准确，有一定视觉冲击力，试填写表 2-1-6。

表 2-1-6　Banner 设计分析表

尺寸要求	
确定主题	
Banner 数量	
选择商品	
文案设计	
配色、字体	

三、其他模块设计

店铺首页设计除了 Logo 和 Banner 设计之外，商品展示、实力展示以及其他说明模块也是比较重要的，请结合电子配件类产品特点设置首页其他模块，试填写表 2-1-7。

亚马逊首页设计案例

表 2-1-7　其他模块设置分析表

模块	设置原因

任务评价

请填写表 2-1-8。

表 2-1-8　店铺首页设计与制作评价表

评价方式：主观评价		
评价项目	评价内容	分值
logo 设计	1. Logo 设计输出图片符合 Amazon 平台的要求	10
	2. Logo 图文设计具有一定的创意，店标设计具有美感和一定的视觉冲击力	15
	3. Logo 图文设计要符合店铺经营定位，商品定位，能准确传达店铺名称	25
网店 Banner	1. Banner 图片与店铺的主题一致	5
	2. Banner 图片中的文字字体、颜色等视觉效果统一，具有明确的可阅读性	10
	3. 网店 Banner 设计具有吸引力并且具有一定的营销导向	10
	4. 网店 Banner 整体设计能够提高店铺整体风格	10
	5. 网店 Banner 符合 Amazon 平台要求	5
其他模块设计	热销产品展示等其他模块设置合理，能体现店铺特点	10
实际得分		

2

任务思考

Banner 文案设计有什么特点？亚马逊平台电子产品类目的文案设计应该从哪些角度切入比较好？

工作任务二　详情页设计与制作（淘宝）

任务 2-1　商品图片设计与制作（淘宝）

任务目标

1. 能根据平台要求，完成商品图片整体规划；
2. 能根据商品特点，完成商品图片的设计与制作。

任务背景

李然在经营过程中发现，无论买家是通过关键词搜索还是通过类目搜索，展现在消费者眼前的第一张图片就是商品主图，因此，商品主图的优劣是影响买家关注以及影响买家点击的重要因素。

任务分析

商品图片是买家接触到店铺商品信息的第一视觉途径，作为传递信息的核心，要让图片具有吸引力，使客户能够继续浏览下去。在设计过程中，先了解淘宝平台对于商品图片的要求，挑选清晰度高、能展示商品品质的图片多角度展示商品，并通过创意卖点和促销信息在短时间内抓住买家的眼球，激发买家的购买兴趣。

任务操作

一、掌握主图规范

在淘宝平台，大部分类目对于商品图片有比较明确的设计要求，即 1 张主图和 4 张辅图。分析淘宝平台箱包类商品图片的规范和要求，试填写表 2-2-1 和表 2-2-2。

淘宝商品主图设计案例

表 2-2-1　主图规范分析表

图片大小	
图片数量	

续表

图片底色	
展示角度	
促销内容	

表 2-2-2　辅图规范分析表

项目	分析内容
图片大小	
图片数量	
图片底色	
展示角度	
促销内容	

二、选择商品图片素材

在商品图片素材选择中，要选择曝光正确、清晰的图片，光线的色温以及明暗会造成商品的色差问题，容易引起售后纠纷。主图尽量选用 800 像素 × 800 像素以上的图片，单张图片大小不能超过 500K。选图的同时要考虑合理的展示角度和商品的完整性。试填写表 2-2-3。

表 2-2-3　商品图片素材分析表

图片	展示角度	选择原因
图片 1		
图片 2		
图片 3		
图片 4		
图片 5		

三、确定商品图片构图

不同的构图方式会产生不同的视觉关注点，也能营造出不同的商品氛围。请分析箱包类商品图片的不同构图方式，试填写表 2-2-4。

表 2-2-4　商品图片构图方式分析表

构图方法	选择原因

续表

构图方法	选择原因

四、商品图片设计

在淘宝平台，商品图片允许自主设计，其设计必须考虑品牌宣传的因素，同时需要对商品信息进行逐级分层，将重要的信息优先展示出来，提升商品转化率。试填写表 2-2-5。

表 2-2-5　商品图片表现形式分析表

设计	表现形式
信息分层	
质感表现	
主图场景	
品牌宣传	

任务评价

请填写表 2-2-6。

表 2-2-6　商品主图设计评价表

评价方式：主观评价		
评价项目	评价内容	分值
图片设计规范	1. 图片设计合理规范 2. 图文排版视觉效果好	30
图片主题突出	1. 主图整体表现商品 2. 能够从多角度展示商品功能特点	30
图片有视觉冲击力	1. 色彩、构图有设计感，能快速获取注意力 2. 商品图片设计风格与店铺整体风格统一	40
实际得分		

任务思考

箱包类目商品在设计商品图片的时候要重点突出箱包的哪些要素？

任务 2-2　商品详情页设计与制作（淘宝）

任务目标

1. 能根据平台要求和品牌定位完成商品详情页整体规划；
2. 能根据商品特点完成商品详情页设计与制作。

任务背景

店铺首页装修完成后，李然发现商品详情页是整个店铺的亮点和聚焦点，无论是提高转化率，还是提升整个店铺的浏览量，详情页面都能起到很大的推动作用。李然了解到详情页的重要性后，开始对商品详情页进行装修。

任务分析

商品详情页是所有营销的落脚点，承担着引导买家下单的职责。买家在通过搜索之后，直接到达商品详情页。在商品详情页制作之前，先要对同类目优秀店铺爆品商品详情页进行分析比对，在此基础上根据店铺和商品的特点，进行详情页页面配色和模块设计，然后再完成海报、产品信息、商品卖点、使用人群、产品多角度展示、物流信息等多个模块的设计与制作。在进行详情描述设计时既要了解商品属性，又要清楚买家的购物心理，还要熟悉买家的视觉动线和浏览习惯。

任务操作

一、分析同类目优秀店铺爆品商品详情页

淘宝详情页设计案例

不同类目的商品详情页会有较大的区别，在设计详情页前，首先在淘宝平台输入需要进行详情描述设计的商品名称，如“手提包”“双肩包”等，在搜索结果页面找到同款热销商品，对比这些商品的详情页，分析爆品箱包商品的详情页设计要素。试填写表 2-2-7。

表 2-2-7　优秀店铺爆品箱包商品详情页分析表

项目	爆品 1	爆品 2
品牌定位		
设计元素 （配色、字体、文案、构图、排版、氛围）		

续表

项目	爆品 1	爆品 2
模块布局		
商品海报		
基本信息		
细节和卖点展示		
关联销售		
其他说明		

二、商品详情页设计规划

在分析爆品详情页的基础上，开始策划店铺产品的详情页。页面配色和整体设计要体现品牌和店铺的调性和特色；对页面模块和细节卖点展示，要从买家的角度进行设计，考虑买家在购买产品时的主要顾虑，然后通过一个个模块展示，逐步引起买家购买的兴趣，引导客户最后下单。试填写表 2–2–8。

表 2–2–8　箱包详情页设计分析表

项目	
主打产品	
品牌定位	
设计元素 （配色、字体、文案、构图、排版、氛围）	
模块布局	
商品海报	
基本信息	
细节和卖点展示	
关联销售	
其他说明	

三、商品详情页模块设计

1. 详情页海报设计

详情页的海报一般是放在详情页的第一屏，使买家在进入详情页的第一眼就能被海报吸引，产生往下继续看的兴趣。详情页海报内容有三大作用：展示品牌实力和特色、展示店铺活动和突出商品卖点。试填写表 2–2–9。

表 2-2-9 详情页海报设计分析表

项目	设计内容
海报主题	
尺寸大小	
配色方案	
主要字体	
构图方式	
文案设计	
参考案例	

2. 商品基本信息模块设计

商品基本信息模块，主要是针对商品的介绍文字，对商品属性、功能、材质等进行说明，一般会与一张产品图配合，占据一屏左右的高度，用图文并茂的形式将众多信息压缩整合，让买家在一屏内找到其想要了解的产品属性参数。试填写表 2-2-10。

表 2-2-10 商品基本信息模块设计分析表

项目	设计内容
构图方式	
图片选择	
文案设计	

3. 细节和卖点展示模块设计

在细节和卖点展示部分，不是简单地罗列细节，而是将细节结合卖点挖掘，变成对买家有益的说明，买家在浏览图片的时候，就能直接了解到商品的好处。将产品展示图、细节图，结合卖点进行合理布局和设计，将简单的细节图打造成更具有营销效果的卖点图。试填写表 2-2-11。

表 2-2-11 细节和卖点展示模块设计分析表

项目	设计内容
卖点提炼	
图片选择	
排版布局	

4. 其他模块设计

除了以上常见的模块，商品详情页模块还可以有很多其他模块，包括：产品系列分类导航模块、关联销售模块、同类对比模块、适用人群模块、质量检测模块、原材料展示模

块、品牌实力模块以及物流和支付模块等。根据箱包产品特点分析店铺所需其他模块设计，并填写表 2–2–12。（可适当加行）

表 2–2–12　其他模块设计分析表

模块名称	选择原因	模块内容

任务评价

请填写表 2–2–13。

表 2–2–13　商品详情页设计与制作评价表

评价方式：主观评价		
评价项目	评价内容	分值
色彩搭配合理	1. 配色符合品牌和商品调性 2. 配色合理，有一定的美感	30
详情页设计体现一定的营销色彩	1. 详情页第一屏为商品促销海报图或者品牌展示海报图，能引发购买兴趣 2. 设计遵循买家浏览页面并实现成交转化的心理过程	30
详情页模块设计合理	1. 包含商品基本信息，如材质、面料、基本参数等 2. 包含痛点或需求描述使用场景等，能挖掘目标人群需求并通过图文表现出来 3. 包含商品细节，多角度充分展示商品，能突出商品的卖点和特点 4. 包含购买须知，如物流、退换货等信息	40
实际得分		

任务思考

对比两个不同类目的商品详情页，分析不同类目的商品详情页模块设计有哪些区别？商品详情页的设计需要根据哪些因素不断进行修改和优化？

____

____

____

____

工作任务二　详情页设计与制作（速卖通）

任务 2-1　商品图片设计与制作（速卖通）

任务目标

1. 能根据平台要求，完成商品图片整体规划；
2. 能根据商品特点，完成商品主图的设计；
3. 能根据商品卖点，完成商品辅图的设计。

任务背景

林峰在工作中发现很多买家是通过搜索商品跳转到店内的。搜索列表中的商品图片起到吸引买家关注、引导买家点击查看商品详情的作用，好的商品图片能给店铺带来大量的免费流量。因此，林峰决定在商品图片的设计和制作上多下功夫，以便于获取更多的免费流量。

任务分析

商品图片分为主图和辅图。主图用来展示商品整体状态，一张好的首图能够最有效地吸引客户的注意力，精确传达产品的信息。主图分为白底主图、边框主图和背景主图三大类，店铺应根据商品的特点和图片素材的特点设计出合适的主图类型。辅图用来展示产品细节和功能，每张辅图均能展示商品的一个卖点，呈现客户所关心的细节信息。

任务操作

一、商品图片分析

网店中的商品是通过图片来呈现的，商品的信息大多也是通过图片来传达的。在速卖通平台找一款排名比较靠前的服装商品对其商品图片进行分析，试填写表 2-2-1。

表 2-2-1　商品图片分析表

商品名称	
商品图片数量	
商品图片的特点分析（图片呈现的内容、方式、文案等）	

二、商品图片设计

产品发布之主图的设置

商品图片包括商品主图和商品辅图两种类型。商品图片的基本要求是能够展示商品的全貌、图片清晰、不能有杂乱的背景。根据速卖通平台的要求，商品图片需要主图 1 张、辅图 5 张，顺序依次为：模特或实物正面图、背面图、侧面图以及细节图等。图片格式为 JPEG，文件大小在 5 M 以内；图片像素建议大于 800 像素 ×800 像素；横向和纵向比例建议为 1∶1.3 ~ 1∶1。试填写表 2-2-2。

表 2-2-2　商品主图设计表

类别选择	□白底主图　□边框主图　□背景主图
展现内容	
文案设计	
色彩搭配	
字体字号	

辅图用来展示产品细节，5 张辅图经过精心的设计都能传达买家关注的信息，试填写表 2-2-3。

表 2-2-3　商品辅图设计表

图片	构图的方法	传达的信息（商品的卖点）
辅图 1		
辅图 2		
辅图 3		
辅图 4		
辅图 5		

任务评价

请填写表 2-2-4。

表 2-2-4　商品图片设计与制作评价表

评价方式：主观评价		
评价项目	评价内容	分值
商品图片分析	1. 选择的案例恰当 2. 分析准确、到位	20
商品主图设计	1. 主图能够展示商品全貌 2. 有一定的文案设计 3. 色彩搭配合理 4. 字体、字号合理	40
商品辅图设计	1. 每张辅图都能展现商品的一个卖点 2. 构图合理、风格一致	40
实际得分		

任务思考

如何制作出优质的商品主图？

速卖通主图设计案例

任务 2-2　商品详情页设计与制作（速卖通）

任务目标

1. 能根据店铺风格，完成商品详情页的整体风格设计；
2. 能根据商品特点，完成商品详情页各模块的设计与制作。

任务背景

林峰已经完成了商品图片的设计，接下来要做的便是设计与制作商品详情描述。商品详情描述承担着展示商品、提升转化率的作用，因此，商品详情描述质量高低直接影响着商品销量的高低。

林峰认为可以通过图文混排的方式突出商品的相关属性、商品卖点、商品使用场景和适用人群。在页尾需要添加配送、支付、售后等信息以满足客户的需求。

任务分析

商品详情页是所有营销的落脚点，起着引导买家下单的作用。商品详情页可以包括以下模块：焦点图（引发兴趣）、目标客户群设计（买给谁用）、场景图（激发潜在需求）、商品细节（逐步信任）、为什么购买（痛点设计）、同类型商品比较、第三方评价（产生信任）、商品的非使用价值、拥有后的感觉塑造（给客户一个100%购买的理由）、发出购买号召（立刻下单引导）、品牌介绍、购买须知（邮费、发货、退换货）以及关联推荐等。

任务操作

一、商品详情页分析

商品详情页是提高转化率的入口，能够激发消费者的购买欲望，树立消费者对店铺的信任感，促使客户下单。因此，商品详情页必须真实地展现商品特点，介绍商品属性。试填写表2-2-5。

表2-2-5　商品详情页分析表

商品名称	
详情页模块	
详情页作用	

二、商品详情页设计

商品详情页是一个展示商品功能、商品参数、商品特点及卖点的页面。一个优秀的商品详情页不仅能让消费者充分地了解商品，更能打消消费者对商品的疑虑，激发他们的购买欲望，促使消费者尽快下单成交。

商品详情页质量的高低直接影响着商品转化率的高低。商品详情页可以放置的内容非常丰富，在设计之初应该对页面包含的模块进行精心的布局。通常情况下，详情页包含首焦海报、商品基本信息模块、商品细节展示模块、商品亮点分析模块、售后服务模块和关联营销模块等。

在设计商品详情页时，应关注客户的消费心理和预期，呈现客户想要看到的信息，或者用有一定故事情节的文案将客户带入商品的使用情境中，这样就可以保证客户在商品详情页停留更长时间。

1. 详情页首焦海报设计

详情页的海报一般是放在详情页的第一屏，让买家在进入详情页的第一眼就能被首焦海报吸引，产生往下继续看的兴趣。详情页首焦海报内容有三大作用：展示品牌实力和特色、展示店铺活动、突出商品卖点。请围绕商品设计一张详情页首焦海报，试填写表2-2-6。

表 2-2-6　详情页首焦海报设计表

项目	设计内容
海报主题	
配色方案	
主要字体	
构图方式	
文案设计	
参考案例	

2. 商品基本信息模块设计

商品基本信息模块，主要是针对商品属性、功能、材质等进行文字说明，一般会与一张商品图配合，占据一屏左右的高度。用图文并茂的形式，将众多信息压缩整合，让买家在一屏内找到所想要了解的商品属性参数。围绕商品设计分析商品基本信息，试填写表 2-2-7。

表 2-2-7　商品基本信息模块设计表

基本参数	
配图	

3. 细节和卖点展示模块设计

在细节和卖点展示部分，不是简单地罗列细节，而是将细节结合卖点挖掘，变成对买家有益的说明，这样买家在浏览图片的时候就能直接了解到商品的好处。将商品展示图、细节图、结合卖点进行合理布局安排设计，将简单的细节图打造成更具有营销效果的卖点图。分析服装类商品的卖点并设计相关要素，试填写表 2-2-8。

表 2-2-8　商品细节和卖点展示模块设计表

项目	卖点	素材选择与构图	文案设计
细节图 1			
细节图 2			
细节图 3			

4. 其他模块设计

除了以上常见的模块，商品详情页还可以有很多其他模块，包括产品系列分类导航模块、关联销售模块、同类对比模块、适用人群模块、质量检测模块、原材料展示模块、品牌实力模块、物流和支付模块。根据服装产品特点分析店铺其他模块设计。试填写表 2-2-9。

2

表 2-2-9　其他模块设计表

模块名称	选择原因	模块内容

任务评价

请填写表 2-2-10。

表 2-2-10　商品详情页设计与制作评价表

评价方式：主观评价		
评价项目	评价内容	分值
详情页分析	1. 选择的商品具有代表性 2. 能够归纳总结详情页各模块的特点 3. 能够总结归纳出详情页的作用	30
详情页整体设计	1. 色彩搭配合理 2. 能体现一定的营销理念 3. 各模块风格统一、设计合理	30
详情页的功能模块	1. 首焦海报模块 2. 商品基本信息模块 3. 细节和卖点展示模块 4. 其他模块	40
实际得分		

任务思考

要做到引导消费者购买商品，商品详情页内容策划需要注意哪些要点？

速卖通详情页设计案例

工作任务二　详情页设计与制作（亚马逊）

任务 2-1　商品图片设计与制作（亚马逊）

任务目标

1. 能根据平台要求，选择合适的商品图片；
2. 能根据店铺风格，完成商品图片风格设计；
3. 能根据商品特点，完成商品图片制作。

任务背景

在亚马逊店铺的运营过程中，张珈迪发现亚马逊平台对于商品主图和辅图有明确的要求，对于图片审核也更为严格，不同站点的亚马逊平台要求也有差异。了解了这一情况，张珈迪开始认真研究平台上电子类目商品的图片要求，并开始挑选合适的图片，准备设计和制作图片。

任务分析

亚马逊店铺里一个商品图片主要由 1 张主图和 8 张辅图构成。通常放在第一张的就是产品的主图，同时主图也是作为产品的搜索结果直接展示给顾客的。辅图一般为 8 张，是对主图的一个补充说明，多方位对产品进行一个展示作用。在商品图片设计与制作过程中，首先要明确类目的图片要求，然后选择合适的主图和辅图，并根据要求进行设计制作。

任务操作

一、了解主图规范

亚马逊平台对于不同类目的商品图片有明确的设计要求，请你通过查阅，分析亚马逊平台电子类目商品主图和辅图的规范和要求。

二、商品图片设计

根据亚马逊平台要求，商品图片一般为主图 1 张、辅图 8 张。图片格式为 JPEG，文件大小在 5M 以内；图片像素建议大于 800 像素 ×800 像素；横向和纵向比例建议为 1∶1.3 ～ 1∶1。结合亚马逊平台电子类目商品图片要求，分析商品主图和辅图的设计要素，试填写表 2-2-1。

表 2-2-1　商品主图设计表

项目	分析内容
主图要求	□白底主图　□边框主图　□背景主图
展现内容	
文案设计	
色彩搭配	
字体字号	

辅图用来展示产品细节，8 张辅图经过精心的设计能传达买家关心的信息，试填写表 2-2-2。

表 2-2-2　商品辅图设计表

图片	构图的方法	传达的信息（商品的卖点）
辅图 1		
辅图 2		
辅图 3		
辅图 4		
辅图 5		
辅图 6		
辅图 7		
辅图 8		

任务评价

试填写表 2-2-3。

表 2-2-3　商品图片设计与制作评价表

评价方式：主观评价		
评价项目	评价内容	分值
商品图片分析	1. 选择的案例恰当 2. 分析准确、到位	20

续表

评价方式：主观评价		
评价项目	评价内容	分值
商品主图设计	1. 主图能够展示商品全貌 2. 有一定的文案设计 3. 色彩搭配合理 4. 字体、字号合理	40
商品辅图设计	1. 每张辅图都能展现商品的一个买点 2. 构图合理、风格一致	40
实际得分		

任务思考

亚马逊平台要求商品主图为白底图片，并且严格审核，请分析其原因。

亚马逊商品主图设计案例

任务 2-2　商品详情页设计与制作（亚马逊）

任务目标

1. 能根据平台要求，完成商品详情描述整体规划；
2. 能根据店铺风格，完成商品详情描述的风格设计；
3. 能根据商品特点，完成商品详情描述图片制作与文案制作。

任务背景

在亚马逊平台的运营过程中，张珈迪发现亚马逊平台里大部分商品详情页都比较简单，有的商品甚至没有详情页。为了提升自己店铺的整体形象，增加用户对店铺的信任度，张珈迪决定设计商品详情页，让触达店铺的买家能在第一时间被图片吸引，并产生购买意愿。

任务分析

亚马逊平台商品详情页相对来讲比较简洁，商品详情页设计时首先要考虑所面向的买家的文化背景，在页面配色和整体风格上迎合买家的喜好。详情页模块相对比较简单，主要包括焦点图（引发兴趣）、商品信息（详细描述商品属性）、目标客户群设计（激发购买愿望）、商品卖点和细节（多角度展示商品，体现品质）、购买须知（邮费、发货、退换货）等。

任务操作

一、商品详情页分析

商品详情页是提高转化率的入口，能够激发消费者的购买欲望，树立消费者对店铺的信任感，促使客户下单。因此，商品详情页必须真实地展现商品特点，介绍商品属性。试填写表 2–2–4。

表 2–2–4　商品详情页分析表

项目	分析内容
商品名称	
详情页整体设计思路	
详情页模块安排	

二、商品详情页设计

1. 详情页海报设计

详情页海报一般是放在详情页的第一屏，让买家在进入详情页的第一眼就能被海报吸引，产生往下继续看的兴趣。请根据亚马逊平台买家的文化背景和购买习惯设计一张详情页海报，试填写表 2–2–5。

表 2–2–5　商品详情页海报设计表

项目	设计内容
海报主题	
尺寸大小	
配色方案	
主要字体	
构图方式	
文案设计	
参考案例	

2. 商品基本信息模块设计

根据亚马逊平台要求，商品基本信息模块对商品属性、功能、材质等的描述要力求准确，一般可以与一张商品图或商品使用场景配合，占据一屏左右的高度。试填写表2-2-6。

表 2-2-6　商品基本信息模块设计表

项目	设计内容
构图方式	
图片选择	
文案设计	

3. 细节和卖点展示模块设计

细节和卖点展示部分设计要充分挖掘买家需求，提炼商品卖点，并通过简洁的图片和精简准确的文字说明多角度展示商品。分析商品细节和卖点并设计细节图，试填写表2-2-7。

表 2-2-7　细节和卖点模块设计表

项目	设计内容
卖点提炼	
图片选择	
排版布局	

4. 其他模块设计

除了以上常见的模块，商品详情页还可以有很多其他模块，包括商品系列分类导航模块、关联销售模块、同类对比模块、适用人群模块、质量检测模块、原材料展示模块、品牌实力模块、物流和支付模块等。根据电子配件产品特点分析店铺其他模块设计。试填写表 2-2-8。

表 2-2-8　其他模块设计表

模块名称	选择原因	模块内容

2

任务评价

请填写表 2-2-9。

表 2-2-9 商品详情页设计与制作评价表

评价方式：主观评价		
评价项目	评价内容	分值
详情页分析	1. 选择的商品具有代表性 2. 能够归纳总结详情页各模块的特点 3. 能够总结归纳出详情页的作用	30
详情页整体设计	1. 色彩搭配合理 2. 能体现一定的营销理念 3. 各模块风格统一、设计合理	30
详情页的功能模块	1. 首焦海报模块 2. 商品基本信息模块 3. 细节和卖点展示模块 4. 其他模块	40
实际得分		

任务思考

如何根据不同国家的买家设计不同风格的亚马逊商品详情页？

亚马逊详情页设计案例

____

____

____

工作任务三　自定义页设计与制作（淘宝）

任务目标

1. 能根据企业宣传的需要，完成自定义品牌文化页的设计与制作；
2. 能根据店铺营销主题的需要，完成自定义营销活动页的设计与制作。

任务背景

制作完成网店首页和详情页后，李然在淘宝装修后台还发现了自定义页面的功能。通过浏览淘宝平台同行业店铺，发现很多店铺都会有一些品牌故事、企业文化和营销活动类等内容，这些内容独立于网店首页和详情页，也就是属于自定义页面。

任务分析

淘宝网店无论是 PC 端，还是移动端，都支持自定义页的新建与设置。自定义页对淘宝网店而言具有非常大的作用。通过自定义页可以进行品牌宣传和营销活动的推广。通过企业文化、品牌故事等，可以增加消费者对网店的信任度，为网店积累更多的粉丝。通过营销活动，可以降低店铺的跳失率，进一步提升店铺的转化率。

任务操作

一、掌握自定义页作用

自定义页的最大好处是可以脱离店铺默认的框架结构，实现个性化的页面布局和美化效果。卖家通常会根据店铺的营销需求，在不违反淘宝官方规则前提下，创建一些店铺专属的不同类别自定义页。试填写表 2-3-1。

表 2-3-1　自定义页类别分析表

类别	类别名称	主要内容
类别 1		
类别 2		

续表

类别	类别名称	主要内容
类别 3		
类别 4		

从网店的运营效果来看，每一种自定义页都可以发挥一定的作用，包括提升消费者黏度、提高店铺转化率和降低店铺跳失率等，分析以上类别都具有哪些作用，并填写表 2-3-2。

表 2-3-2　自定义页作用分析表

自定义页作用	具有相应作用的自定义页类别名称
提升消费者黏度	
提高店铺转化率	
降低店铺跳失率	

二、设计自定义品牌文化页

通过店铺品牌宣传，针对目标市场建立起一个独有形象，以此来对品牌的整体形象进行设计和传播，从而在目标顾客心中占据一个独特的有价值的地位。淘宝卖家可以经营多种品牌，但是店铺的整体品牌才是店铺自己的重要生命线。根据营销需求站在整体品牌的角度，进行自定义品牌文化页的设计与制作，是淘宝卖家进行品牌宣传的首选，试填写表 2-3-3。

表 2-3-3　自定义品牌文化页设计分析表

设计要点	品牌背书	品牌价值	品牌发展	品牌愿景
展现内容				
展现形式				
配色、字体				

三、设计自定义营销活动页

通过设计一些专属的营销活动页，可以实现店铺个性化营销活动的呈现与推送。从“双 11”诞生开始，大大小小的节日都成为电商平台的营销节日，甚至连数字谐音也被拿来搞节日活动。营销活动主题的选择与活动形式的呈现，是自定义活动页设计与制作需要重点关注的方面。试填写表 2-3-4。

表 2-3-4　自定义营销活动页的设计分析表

项目	设计内容
活动主题	
活动目的	
活动产品	
活动形式	
视觉设计要素	

任务评价

请完成表 2-3-5。

表 2-3-5　自定义页设计与制作评价表

评价方式：主观评价		
评价项目	评价内容	分值
自定义页的类别与作用	1. 归纳总结自定义页的类别	8
	2. 分析自定义页的作用	8
自定义品牌文化页设计与制作	1. 品牌文化页展现的内容全面	10
	2. 品牌文化页展现的形式合理	10
	3. 品牌文化页有设计感、整体风格统一	12
自定义营销活动页设计与制作	1. 营销活动主题明确	10
	2. 营销活动目的突出	10
	3. 营销活动选择的产品合理	10
	4. 营销活动设置合理	10
	5. 营销活动的视觉设计感强、整体风格统一	12
实际得分		

任务思考

如何设计与制作店铺的引流入口页和售后服务页？

工作任务三　自定义页设计与制作（速卖通）

任务目标

1. 能掌握自定义页的要求和基本设计方法；
2. 能根据品牌和店铺定位，完成品牌文化页的设计与制作；
3. 能根据店铺营销主题，完成自定义营销活动页的设计与制作。

任务背景

制作完成网店首页和详情页后，林峰在速卖通装修后台还发现了自定义页的功能，自定义内容区排版灵活，可以更好地起到营销作用，更生动地展示产品和店铺，提高买家的购买欲望。通过浏览速卖通上的同行业店铺，他发现很多店铺的自定义页基本都是关于品牌故事、企业文化和营销活动类的内容。林峰开始准备自己店铺的自定义页。

任务分析

速卖通店铺无论是 PC 端还是无线端，都支持自定义页的新建与设置。在自定义页的设计制作之前，首先要明确设计自定义页的作用，品牌宣传类的自定义页要侧重品牌故事、企业实力、员工风采，营销类自定义页要侧重烘托气氛、活动说明、超值优惠等。在自定义页的设计风格方面要考虑面向的主要买家的文化和喜好等因素。

任务操作

一、了解自定义页作用

自定义页的最大好处是可以脱离店铺默认的框架结构，实现个性化的页面布局和美化效果。速卖通卖家通常会根据店铺定位和活动要求，设计自己店铺的自定义页。浏览几个服装类速卖通店铺，分析自定义页的类别及主要内容，完成表 2-3-1。

表 2-3-1　自定义页类别分析表

类别	类别名称	主要内容
类别 1		
类别 2		
类别 3		

从速卖通店铺的运营效果来看，每一种自定义页都可以发挥一定的作用，主要作用有提升消费者黏度、提高店铺转化率和降低店铺跳失率，分析以上类别自定义页都具有哪些作用，完成表 2-3-2。

表 2-3-2　自定义页作用分析表

自定义页作用	具有相应作用的自定页类别名称
展示品牌形象，提升信任度	
提升消费者黏度	
提高店铺转化率	
提升客单价	

二、自定义品牌文化页的设计与制作

速卖通店铺的自定义品牌页主要是通过简洁的图片和文字，展示品牌形象和公司实力，快速地帮助买家建立起对品牌的信任。李然的公司经营的是服装类商品，请分析服装类店铺自定义品牌文化页可以包含哪些内容，如何展示会有比较好的展示效果，并完成表 2-3-3。

表 2-3-3　自定义品牌文化页设计表

设计要点	品牌愿景（故事）	产品展示	员工风采	公司实力	其他模块
展现内容					
展现形式					
配色、字体					

三、自定义营销活动页设计与制作

速卖通里很多店铺会用自定义页来展示目前的主要活动，设计与制作专属营销活动页，实现店铺个性化营销活动的呈现与推送。营销活动主题的选择与活动形式的呈现，是自定义活动页设计与制作需要重点关注的方面。选择店铺活动，完成自定义营销活动页的设计与制作，试填写表 2-3-4。

表 2-3-4　自定义营销活动页设计表

项目	设计内容
活动主题	
活动目的	
活动产品	
活动形式	
视觉设计要素	

任务评价

请完成表 2-3-5。

表 2-3-5　自定义页设计与制作评价表

评价方式：主观评价		
评价项目	评价内容	分值
自定义页作用	1. 自定义页的常见类别	8
	2. 学会分析自定义页的作用	8
自定义品牌文化页设计与制作	1. 品牌文化页展现的内容全面	10
	2. 品牌文化页展现的形式合理	10
	3. 品牌文化页有设计感、整体风格统一	12
自定义营销活动页设计与制作	1. 营销活动主题明确	10
	2. 营销活动目的突出	10
	3. 营销活动选择的商品合理	10
	4. 营销活动设置合理	10
	5. 营销活动的视觉设计	12
实际得分		

任务思考

速卖通店铺的自定义页与淘宝店铺的自定义页在页面色调、模块安排、设计制作等方面有哪些异同点？

____

____

____

____

速卖通自定义页设计案例

工作任务三　自定义页设计与制作（亚马逊）

任务目标

1. 能完成亚马逊自定义页的设计；
2. 能完成亚马逊自定义页的制作。

任务背景

在正式销售之前，张珈迪思考着如何让卖家们更相信自己，如何让自己的品牌更深入人心。通过学习他了解到，可以在亚马逊后台“您的信息与政策”来设置店铺的相关信息。

此外，张珈迪还注意到“您的信息与政策”模块除了设置卖家的介绍，向买家介绍业务情况、公司的理念外，还可以设置配送的相关说明，告诉买家配送政策、关于店铺常见问题解答以及卖家的 Logo 和相关的隐私政策等。

任务分析

亚马逊卖家不仅可以通过设置默认帮助页面来提供特定的业务信息，还可以通过创建自定义页来提供商品更多的相关信息。例如，卖家销售的是某款手机壳，可添加与该手机壳有关的大小、颜色、规格等具体内容。自定义页在店铺经营过程中起到非常重要的作用，在设计页面时可以根据卖家不同的需求灵活处理。设计时要有很强的刺激度，能够吸引消费者，让消费者知道店铺在做好的商品、提供好的服务，促使消费者相信店铺的承诺，相信公司的产品，从而放心地购买商品。

任务操作

一、亚马逊自定义页设计

从网店的运营效果来看，自定义页都可以发挥一定的作用，主要作用是提升消费者黏度、提高店铺转化率和降低店铺跳失率。在设计亚马逊自定义页时，应根据平台内现有的要素来完成设计，充分发挥自定义帮助页的作用。试填写表 2-3-1。

表 2-3-1　亚马逊自定义帮助页要素及设计要点表

要素	设计要点
标题	
文本	
图片	

二、自定义营销活动页设计与制作

通过设计与制作一些专属的营销活动页，可以实现店铺个性化营销活动的呈现与推送。营销活动主题的选择与活动形式的呈现，是自定义营销活动页设计与制作需要重点关注的方面。试完成表 2-3-2。

表 2-3-2　自定义营销活动页设计与制作表

活动主题	
活动目的	
活动产品	
活动形式	
视觉设计要素	

任务评价

请完成表 2-3-3。

表 2-3-3　自定义页设计与制作评价表

评价方式：主观评价		
评价项目	评价内容	分值
自定义帮助页的要素与设计	1. 对亚马逊自定义页各要素的设计要点总结到位	10
	2. 在对各要素设计时有一定的创意	10
自定义营销活动页的设计与制作	1. 营销活动主题明确	10
	2. 营销活动目的突出	10
	3. 营销活动选择的商品合理	10
	4. 营销活动设置合理	10
	5. 营销活动的视觉设计感强、整体风格统一	20
	6. 营销活动的方案有创意	20
实际得分		

任务思考

在亚马逊平台，如何充分发挥自定义帮助页的营销功能？试收集和分析相关案例。

工作领域三

网店基础操作

思维导图

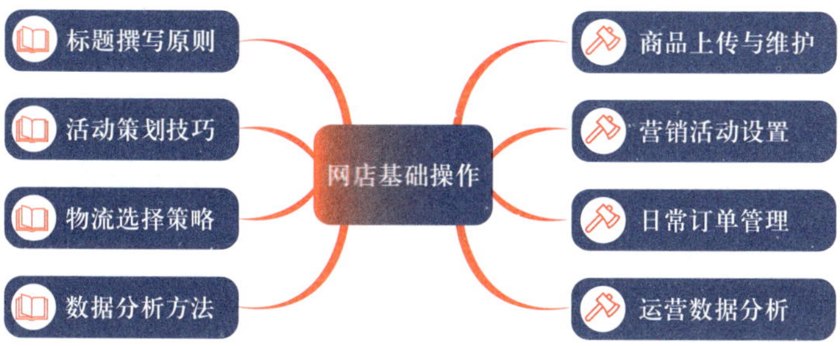

工作任务一　商品上传与维护（淘宝）

任务目标

1. 能完成不同情况下运费模板的创建；
2. 能完成店铺内商品的发布。

任务背景

店铺信息设置完成后，李然开始根据不同商品的实际情况创建不同的运费模板，然后上传拉杆箱、钱包、单肩包、双肩背包、手提包这五种商品的信息。

任务分析

商品上架时，需要根据具体情况设置不同的运费模板，这时通常需要考虑商品的重量、体积、快递方式、利润空间等因素。

商品发布主要包括选择类目、填写商品属性、设置商品价格和数量、设置商品售后、设置运费模板五大模块。商品类目选择要正确，否则可能被平台展现屏蔽或导致平台扣分，甚至导致店铺经营管制；商品属性与商品标题密切相关；商品价格和数量设置准确，避免超卖或者因过低价成交而导致店铺受损失；通过设置商品售后可以增加商品权重。

任务操作

一、选择类目

商品发布的第一步是类目选择，当一款商品有两个以上类目可以发布时，需要根据经营需要选择一个类目发布。选择类目的主要依据是类目竞争度和类目市场容量，一般会选择市场容量大、竞争小的类目来发布。

一般来说，对于新品上架采用搜索引擎检索方式选择类目，对于店铺已有品类的货品采用分级类目选择方式。根据类目选择的作用和基本原理，李然为每款商品确定合适的一、二、三级类目。请完成表 3–1–1。

表 3–1–1　商品类目选择表

商品名称	一级类目	二级类目	三级类目
拉杆箱			
钱包			
单肩包			
双肩背包			
手提包			

二、完善商品属性

淘宝搜索调用的参数主要是标题，其次是属性。从淘宝首页的类目中点击检索看到的商品中，有的标题中并没有包含类目词，但同样被展示出来，因为商品属性里有该类目词，所以要尽量将商品属性填写完整。请完成表 3–1–2。

表 3–1–2　商品属性分析表

商品名称	主要属性
拉杆箱	
钱包	
单肩包	
双肩背包	
手提包	

三、撰写商品标题

找到与自己商品匹配的核心关键词是淘宝标题选词的关键，但并不是关键词越多越好，标题拆分关键词越少越精准，权重越高。

第一步：确定核心关键词。

核心关键词通俗来讲就是目标客户可能用来搜索的关键词，试填写表 3-1-3。

表 3-1-3　核心关键词分析表

商品名称	核心关键词
拉杆箱	
钱包	
单肩包	
双肩背包	
手提包	

第二步：收集更多关键词。

通过分析商品属性卖点、下拉框相关词、流量解析相关热词等方式选出更多相关的关键词，试完成表 3-1-4。

表 3-1-4　相关关键词分析表

商品名称	相关关键词
拉杆箱	
钱包	
单肩包	
双肩背包	
手提包	

第三步：组合标题。

淘宝标题有字符数的限制，基于买家搜索习惯和标题关键词组合规律进行标题组合，试完成表 3-1-5。

表 3-1-5　商品标题组合表

商品名称	标题
拉杆箱	
钱包	
单肩包	
双肩背包	
手提包	

四、设置运费模板

国内电商运费模板的设置较为简单，通常情况下采用包邮的形式。但具体问题需要具体分析。如果采取不包邮的形式，通常需要考虑商品的重量、体积、价格以及利润空间等因素，试完成表 3–1–6。

表 3–1–6 运费模板设置分析表

商品名称	考虑因素	运费模板
拉杆箱		
钱包		
单肩包		
双肩背包		
手提包		

任务思考

在淘宝平台发布商品的时候，标题、属性、参数及详情描述之间的内容应如何呼应，相互强化？

工作任务一 商品上传与维护（速卖通）

任务目标

1. 能完成商品的分组设置；
2. 能完成物流模板和服务模板的设置；
3. 能完成商品的发布。

任务背景

林峰收集好商品上传的相关素材，准备发布商品。考虑到为方便买家了解店铺的经营类目和快速找到自己想要购买的商品，他准备在店铺上创建商品的产品组。系统自动设置的新手运费模板并不能解决所有问题，需要卖家进行运费模板的自定义设置。林峰确认店铺的商品内容及图片符合规定之后，开始发布连衣裙、T恤、牛仔裤、衬衫和卫衣这五款商品。

任务分析

发布商品需根据速卖通平台产品发布规则，选择合适的产品类目和属性、制作产品标题、上传产品主图、设置产品价格和数量、设置产品组、设置运费模板、设置服务模板、尺码表和详情页等。产品类目属性填写完整度需达到78%以上，填写的完整性、准确性会直接影响搜索量；商品标题要能向买家介绍商品的特征，传达商品有效信息；高相关性的关键词可以提高商品的搜索量和浏览量，进而带动销量；合理的产品组、服务模板可以给买家提供良好的购买体验；完善的运费模板设置可以为不同国家或地区的客户提供个性化的物流服务。

任务操作

一、整理资源包

在正式上传产品之前，需要先收集产品的相关资料，做成资源包，为后续商品上传做好准备，试填写表3-1-1。

3

表 3-1-1　服装信息表

品牌		货号（SKU）	
性别		领型	
袖型		袖长	
图案		季节	
版型		弹性	
材质		风格	
适用人群		是否可定制	
最小计量单位		销售方式	
颜色		原价	
库存		零售价	
商品包装后的重量		商品包装后的尺寸	

二、选择类目

经营服装服饰商品，可以根据商品名称关键词、平台已有商品 ID 或商品链接搜索类目，选择确定类目，试填写表 3-1-2。

表 3-1-2　商品类目分析表

商品名称	一级类目	二级类目	三级类目	四级类目
连衣裙				
T 恤				
牛仔裤				
衬衫				
卫衣				

三、撰写商品标题

找到和商品匹配的核心精准关键词是速卖通标题选词的关键，但并不是关键词越多越好，标题拆分关键词越少越精准，权重越高。在“千人千面”搜索机制下，拆分的关键词越多，越有可能被搜到的思维已不再适用。给商品创造一个适合的竞争环境，提高销量，需要给标题挑选核心关键词，即权重选词。

第一步：确定主关键词。

准确描述产品，并且准备与其他商品区分开来的词，试完成表 3-1-3。

表 3-1-3　主关键词表

商品名称	主关键词
连衣裙	
T 恤	
牛仔裤	
衬衫	
卫衣	

第二步：收集更多关键词。

通过分析商品属性卖点、下拉框相关词、流量解析相关热词等方式选出更多的和主关键词相关的备选词，试填写表 3-1-4。

表 3-1-4　相关关键词表

商品名称	相关关键词
连衣裙	
T 恤	
牛仔裤	
衬衫	
卫衣	

第三步：筛选出合适的词，组合成标题。

速卖通平台商品标题最多为 128 个字符，并且需要在前 35 个字节里体现出商品特性。考虑买家的搜索习惯，同时考虑关键词的组合规律，通常应按照“营销词 + 核心关键词 + 属性词”的公式进行标题组合，试填写表 3-1-5。

表 3-1-5　商品标题组合表

商品名称	标题
连衣裙	
T 恤	
牛仔裤	
衬衫	
卫衣	

3

四、完善商品属性

平台搜索主要参数是标题，其次是属性。从速卖通首页的类目浏览商品，只要商品的属性中包含类目词即能被展示出来，所以要尽量将商品属性填写完整。如果平台提供的属性词还不能完全体现商品特性，平台还提供了 10 个自定义属性。正确及完整填写商品属性能提高客户选择商品的精准度，试完成表 3–1–6。

表 3–1–6　商品属性分析表

商品名称	主要属性	自定义属性
连衣裙		
T 恤		
牛仔裤		
衬衫		
卫衣		

五、设置运费模板

依据商品预先设置好的包装信息，根据利润空间和受众等因素，卖家可以为不同商品设置不同运费模板。运费模板应尽量覆盖经济类、标准类、专线物流和商业快递等物流途径，以满足不同客户对收货时间的不同要求。以店铺的连衣裙为例设置运费模板，试完成表 3–1–7。

表 3–1–7　运费模板分析表

商品名称	经济类物流	标准类物流	专线物流	商业快递
分析原因				

六、设置商品分组

为了方便买家了解店铺的经营类目和快速找到想要购买的商品，需要在店铺创建商品分组，试完成表 3–1–8。

表 3–1–8　商品分组表

商品名称	连衣裙	牛仔裤	T 恤	衬衫	卫衣
产品组					

任务思考

国际物流费用较高，有时甚至会高于商品本身的价值，包邮可能导致商品价格过高，不包邮又可能流失一部分买家，在商品发布定价时应如何进行权衡？

工作任务一　商品上传与维护（亚马逊）

任务 1-1　创建配送模板（亚马逊）

任务目标

1. 学会亚马逊配送模板的创建方法；

2. 能完成国内标准配送模板、国内 EMS 配送模板、国内优先配送模板以及国际标准配送模板和国际 EMS 配送模板的创建。

任务背景

亚马逊发货分为两种方式：自发货和 FBA。在设置好店铺信息后，张珈迪开始着手设置运费模板，解决自发货物流问题。经过分析各类商品成本、利润空间、目标市场和受众等诸多因素，张珈迪决定为每一地区设定不同的运费模板。

美国夏威夷和阿拉斯加、美国海外领地和 APO（Army Post Office，军队邮局）/FPO（Fleet Post Office，舰队邮局）三个地区选用国内标准配送模板；美国东北部（除了新泽西州、纽约州外）、中西部、南部和西部设定国内 EMS 配送模板；美国新泽西州和纽约州设置国内优先配送模板；韩国、日本、越南设置国际标准配送模板；澳大利亚、新西兰、加拿大设置国际 EMS 配送模板。

任务分析

运费模板设置是为了简化商品上架时的运费设置。根据不同地区的距离远近、物流公司的业务范围、运价以及所售商品的类型、售价等因素，设置不同的运费模板。亚马逊运费模板有两种设置方式：Price Banded（以订单总金额来决定运费）和 Per Item/Weight-Based（以物品的件数或者重量决定运费），运价是根据金额、件数或者重量进行阶梯式设置的。除了运价，模板中的配送时间也应该按照地区特点，进行合理设定。即使设置好的模板，后期也应该根据国际物流政策、汇率等多方因素变化随时做出调整。

任务操作

一、选择运费设置方式

Per Item/Weight-Based（以物品的件数或者重量决定运费）计算方法：根据每一票货一个固定金额 + 商品件数 / 商品重量的变动来设置运费。

按件数收费，如每票货固定收取 5 美元，每件货收取 1 美元。如果客户选购 A 和 B 两件物品，这一票货的运费就是 7 美元。

按重量收费，如每票货固定收取 5 美元，每磅（LBS）收取 1 美元，如果客户选购的商品包裹重量为 5 磅，这一票货的运费为 10 美元。

根据主营商品特点，比较两种运费设置方式，填写表 3-1-1。

表 3-1-1　运费设置方式分析表

计费方式	运费	优点	缺点
按件数计			
按重量计			

二、选择配送方式

亚马逊平台为国内配送模块提供了三种配送类型：标准配送、EMS 配送、优先配送。国际配送提供了标准配送和 EMS 配送两种类型。要想合理地设置配送模板，需要对三种不同类型的配送方式详尽地了解，分析不同配送方式的特点及适用条件，请填写表 3-1-2 和表 3-1-3。

表 3-1-2　国内配送分析表

配送方式	主要特点	适用条件
标准配送		
EMS 配送		
优先配送		

表 3-1-3　国际配送分析表

配送方式	主要特点	适用条件
标准配送		
EMS 配送		

三、设置商品价格分段及对应运费

运费的额度与商品的价格是密切相关的，在保证一定盈利空间的基础上，对不同价格段的商品设置不同运费要求。除此之外，还要考虑不同价格段运费之间的区别，提高客单价，降低买卖双方所承担的物流成本，试填写表 3–1–4。

表 3-1-4　运费设定分析表

商品价格分段	对应运费	考虑因素

四、确定处理时间

不同的配送方式的处理时效不同，如果实际配送时间超出设定时间，就容易造成客户投诉，影响店铺的评分，所以，在设置处理时间之前需要分析不同物流方式的时效性，以及通关效率等因素。试填写表 3–1–5。

表 3-1-5　处理时间分析表

物流方式	时效	通关速度	费用	其他因素

任务思考

FBA 发货方式在流量上平台会有一定的倾向性，为什么还有很多卖家选择自发货方式？

任务 1-2 自建 Listing（亚马逊）

任务目标

1. 掌握亚马逊平台创建 Listing 页面的编写要求；
2. 掌握亚马逊五点要素的撰写方法；
3. 能完成商品的上传。

任务背景

亚马逊平台对创建 Listing 有着细致、严格的规定，张珈迪在了解了平台商品刊登的规则政策并确认自己的商品内容及图片符合规定之后，开始刊登耳机、手机镜头、手机壳、男士智能手表、女士智能手表这五款商品的信息。

任务分析

亚马逊平台较其他跨境电商平台相比，在发布商品的规则上尤为严格。在发布商品之前，先要熟悉平台对于商品分类、图片拍摄、品牌专利等要求，避免因为发布不当，导致店铺扣分或被冻结，并且要提前做好上传商品资源包的整理。

刊登商品信息需考虑以下几个方面：（1）选择商品的分类，且必须刊登在正确的分类中，将商品置于不正确的分类，会影响搜索的准确度，也会导致店铺扣分或被冻结；（2）完善商品参数，编写商品标题，这些会影响商品曝光量等指标；（3）需要将商品价格和数量设置准确，避免因超卖或者过低价成交而导致店铺损失；（4）除此之外，最为重要的，也是亚马逊区别于其他平台的一点，就是对五点描述的撰写，一个高质量的五点描述能大大地提高转化率。

任务操作

一、整理资源包

在正式上传商品之前，需要先收集商品的相关资料，做成资源包，为商品上传做好准备，请填写表 3-1-6。

表 3-1-6 商品资料收集表（请用英文填写）

卖家 SKU		商品品牌	
商品规格		商品重量	
商品库存		包装尺寸	
包装重量		计数包装类型	

二、类目选择

为选定的五款电子类商品选择正确的类目，亚马逊店铺类目分为一级类目和二级类目，操作时先选择一级类目，然后在一级类目中找到合适的二级类目。请填写表 3–1–7。

表 3–1–7　商品类目整理表（请用英文填写）

商品	一级类目	二级类目
耳机		
手机镜头		
手机壳		
男士智能手表		
女士智能手表		

三、完善商品参数

亚马逊搜索算法会参考商品之间参数相关性来为用户做商品推荐展示，如果卖家在刊登 Listing 的时候忽略补充完整商品参数，很可能就会浪费亚马逊系统关联推荐商品这项销售机会，白白错失一部分目标用户。请填写表 3–1–8。

表 3–1–8　商品参数收集表

商品名称	主要参数
耳机	
手机镜头	
手机壳	
男士智能手表	
女士智能手表	

四、撰写商品标题

在亚马逊搜索算法里，标题的权重非常高，一个优质的标题比再多的 Search Terms、再详尽的 Descriptions 都来得有效。一个达标的标题最低要求是：包含核心关键词、方便阅读、突出商品的主要卖点。在形式上应遵循品牌名能省则省、核心关键词前置、有恰当的断句并融入卖点等因素。

利用商品信息和关键词搜索工具，确定这五款商品的关键词、卖点，并根据组合原则确定标题。试填写表 3–1–9 至表 3–1–13。

表 3-1-9　耳机标题分析表（请用英文填写）

商品名称	耳机
关键词	
卖点	
标题	

表 3-1-10　手机镜头标题分析表（请用英文填写）

商品名称	手机镜头
关键词	
卖点	
标题	

表 3-1-11　手机壳标题分析表（请用英文填写）

商品名称	手机壳
关键词	
卖点	
标题	

表 3-1-12　男士智能手表标题分析表（请用英文填写）

商品名称	男士智能手表
关键词	
卖点	
标题	

表 3-1-13　女士智能手表标题分析表（请用英文填写）

商品名称	女士智能手表
关键词	
卖点	
标题	

五、撰写四点描述

在亚马逊的 Listing 中，五点描述展示的排名仅次于标题和图片，如何突出卖点、特征和差异化的内容，成功激发消费者的购买欲，是卖家绞尽脑汁都想做到的事情。而商家对商品本身的了解程度以及对客户群的了解程度，决定了商品卖点水平的高低，也决定着买家是否会被商品吸引。所以，怎么描述才能抓住买家的购买心理，才是 Listing 编写者最该考虑的事情。

第一步：查看同行此类商品最先描述的前三点卖点，并填写表 3–1–14。

表 3–1–14　同行卖点描述表（请用英文填写）

商品名称	卖点描述
耳机	
手机镜头	
手机壳	
男士智能手表	
女士智能手表	

第二步：提炼买家的 Review。

到同行 Listing 里面查看买家们留下的 Review，然后分析客户到底给商品提出了哪些好评和差评。弄清楚目标客户真正关注商品中的哪些卖点，并结合自身商品的特点，再提炼到五点描述里去。试填写表 3–1–15。

表 3–1–15　同类商品 Review 分析统计表（请用英文填写）

商品名称	分析结果
耳机	
手机镜头	
手机壳	
男士智能手表	
女士智能手表	

第三步：在五点描述里“埋词”。

不断地更新和调整各种精准及长尾关键词，在五点描述里适当地“埋”些商品的属性关键词及长尾关键词，试填写表 3–1–16。

表 3–1–16　关键词整理表（请用英文填写）

商品名称	属性关键词	长尾关键词
耳机		
手机镜头		
手机壳		

3

续表

商品名称	属性关键词	长尾关键词
男士智能手表		
女士智能手表		

第四步：优化确定。

根据以上准备的内容进行整合优化，要求每行首要属性词大写，进而完成五个商品五点描述的撰写。试填写表 3–1–17。

表 3–1–17　商品五点描述撰写分析表（请用英文填写）

商品名称	五点描述
耳机	
手机镜头	
手机壳	
男士智能手表	
女士智能手表	

任务思考

在亚马逊搜索算法需要考虑的因素中，有哪些具体因素会影响排名？

任务 1–3　创建跟卖 Listing（亚马逊）

任务目标

1. 掌握亚马逊跟卖 Listing 的选品技巧；
2. 掌握亚马逊跟卖的操作流程；
3. 能完成跟卖 Listing 的创建。

任务背景

细心钻研的张珈迪经过一段时间的调查，发现自己的“耳机”在亚马逊平台的竞争非常激烈，没有得到亚马逊的黄金购物车（见图 3-1-1）。而亚马逊每年的销售额超过 1500 亿美元，超过 90% 是使用亚马逊黄金购物车销售转化完成的。

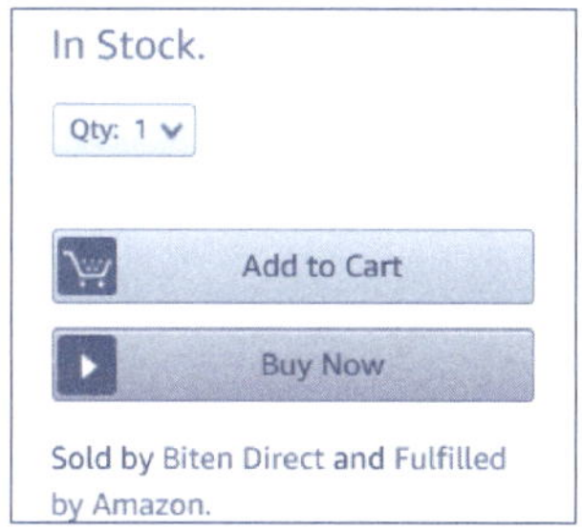

图 3-1-1　黄金购物车

张珈迪决定选择店铺销量不错的耳机，以相对低一点的售价跟卖自己的商品来搏一搏黄金购物车。

任务分析

亚马逊设定跟卖这个游戏规则，与重商品、轻店铺的平台运营理念有关。在创建跟卖 Listing 时，要遵循两个基本原则：不要侵权、利润可观。首先保证跟卖的 Listing 有充足的货源且保证商品质量。在进行跟卖前要详细查看 Listing 创建者的商品详情页面，包括商品图片、Logo 细节与商品描述，更需要仔细查询被跟卖的卖家的商标注册和备案情况，防止出现侵权等现象。在跟卖期间要留意跟卖商品的价格变动，适时调整跟卖价格。

任务操作

一、选择跟卖商品

选择跟卖商品前，需要查看亚马逊相同商品的 Best Seller，确定是否可以跟卖。双方的商品是否完全一样，包括品牌、图片、标题、颜色、参数、材质、包装等；如果跟卖同一品牌的卖家，首先需要获得在亚马逊售卖的品牌授权；即便是商品一模一样，也要注意是否侵犯其他商家的知识产权，比如商标、专利的侵权等；检查跟卖的商品库存是否足够。试填写表 3-1-18。

如何添加商品实操之跟卖 Listing

表 3-1-18　商品信息比对表

考虑要素	自有商品	同行商品
商品详情		
品牌授权		
知识产权		

二、确定跟卖价格

一般情况下，FBA 发货商品跟卖价格要高于自发货商品跟卖价格，且订单处理时间越短越有利于抢到黄金购物车，试填写表 3-1-19。

表 3-1-19　跟卖商品价格确认表

跟卖商品	自发货跟卖价格	FBA 发货跟卖价格
耳机		

任务思考

为避免被跟卖，卖家要如何保护自己？在被跟卖的时候怎样才能更有话语权？

工作任务二　营销活动设置（淘宝）

任务 2-1　店铺促销活动设置（淘宝）

任务目标

1. 能根据店铺实际情况，选择合适的优惠券类型；
2. 能完成店铺优惠券的设置。

任务背景

优惠券是大促营销和店铺活动营销的常规做法，可以激起买家的购买欲望，让买家产生冲动消费，是店铺和单品转化率的神器。元旦来临之际，李然准备根据店里近 3 个月拉杆箱、钱包、单肩包、双肩背包、手提包这五款商品销售情况，通过店铺优惠券的形式做一次营销活动。

任务分析

创建优惠券主要有两个关键点，一是面额，二是门槛。很多卖家在设置面额和门槛的时候往往会陷入一个常见误区：优惠券的作用就是为了提高客单价，而忽视了店铺的基础情况以及买家购买时的心理因素。在设置优惠券时需要关注好以下几个方面：店内热销商品的价格区间、店内低价商品价格区间、利润把控、店内近 3 个月客单价、店内近 3 个月人均成交件数以及梯级跨度把控。

任务操作

一、分析不同优惠券的适用情况

常见的优惠券类型有领取型优惠券、定向发放型优惠券、金币兑换型优惠券、秒抢优惠券、聚人气优惠券，不同的优惠券类型面向的受众和实现的营销效果也会有所不同，试填写表 3-2-1。

3

表 3-2-1　优惠券类型分析表

优惠券类型	适用条件	主要营销用途
领取型优惠券		
定向发放型优惠券		
金币兑换型优惠券		
秒抢优惠券		
聚人气优惠券		

二、确定不同商品优惠券类型

不同类型的优惠券导致的利润空间也不相同，面向的用户群体也略有差异，所以要综合考虑各项因素，确定店铺优惠券类型，试填写表 3-2-2。

表 3-2-2　优惠券类型选择原因分析表

优惠券类型	原因
折扣券	
满减券	
兑换券	
裂变优惠券	

三、设置优惠券额度

官方后台会支持 3 元、5 元、10 元、20 元、30 元、50 元和 100 元等面额的优惠券发放，所以针对让利幅度的控制只能在给定的几个面额范围进行筛选。通过分析近 3 个月店铺商品的销售情况设置不同优惠券额度，试填写表 3-2-3。

表 3-2-3　优惠券分析表

商品类别	成本	价格	销量	买家数量	优惠券额度
拉杆箱					
钱包					
单肩包					
双肩背包					
手提包					

任务思考

淘金币和店铺优惠券对客户的核心利益点有何不同？淘宝网店除了优惠券外还有哪些

店内促销手段？

任务 2-2　平台活动报名（淘宝）

任务目标

1. 掌握聚划算活动报名技巧；
2. 能完成聚划算活动方案的执行。

任务背景

聚划算既是淘系规模和爆发力最强的营销平台之一，也是卖家快速打造爆款及累积用户群的重要营销平台之一，能够为店铺带来极高的展现量，与直接推广的方式相比，具有短期爆发力强的特点，可以积累大量的店铺客户。所以李然决定从拉杆箱、钱包、单肩包、双肩背包、手提包这 5 款商品中，选择一款报名参加聚划算活动。

任务分析

聚划算是一个限时促销的平台，曝光度极高，商家进入有一定的门槛，适合具备一定运营能力的商家参与。在参加活动之前，需要先确定自己是否具备报名的资格。当确定具有报名资格后，由于坑位有限，还要想办法通过小二的审核。审核通过后，接下来就是为活动做好准备和预热，等待活动的爆发，此阶段的推广非常重要，直接关乎后期的活动效果。当活动爆发后，客服、运营、物流等要做好相应对的准备，确保买家的购物体验和活动的顺利执行。活动的结束并不是最终的结束，还要进行复盘，总结成功经验和失败教训。

任务操作

一、分析活动报名规则

关于报名规则，请填写表 3-2-4。

表 3-2-4 报名规则分析表

项目	品牌清仓招商标准	视频单品团招商标准	聚新品招商标准
商家条件			
商品条件			
审核时间及标准			
排期方式及时长			
保证金			
商品发布规范			
收费标准			
违规处理			

二、确定活动营销策略

一切营销活动都要有目标，在参加活动之前，需要确定通过活动要达到的目的，然后根据要达到的目的倒推整个执行的过程。不同的营销目的需要制定不同的营销策略，请填写表 3–2–5。

表 3-2-5 营销策略分析表

营销目标	新品曝光	店铺引流	打造爆款
营销策略 1			
营销策略 2			

三、选择报名商品

针对所有报名商品，聚划算根据店铺和商品的经营和整体指标，择优选取高品质商品参团，因此为了报名成功，在选择商品前需要对商品进行分析，请填写表 3–2–6。

表 3-2-6 报名商品分析表

商品名称	价格	销量	累计销售金额	转化率	评价
拉杆箱					
钱包					
单肩包					
双肩背包					
手提包					

四、策划商品促销方案

根据活动类型的不同以及利润的多少来确定最终的促销方案。完成时间节点是：活动正式预热前五天必须确定方案，根据方案来作图，做推广准备，试填写表 3–2–7。

表 3-2-7　促销方案分析表

促销方式	具体内容
前 ×× 名免单	
前 ×× 名返现	
前 ×× 名送赠品	
活动前领取优惠	
时段返现	

五、活动前推广

活动推广期间对图片要求高，特别是宣传图片的背景和图片的类型；图片必须突出的卖点包括：活动信息、活动时间、活动价格以及活动的促销信息等，同时要做好活动中和活动结束后的商品替换图片。完成时间节点是活动正式预热前三天，试完成表 3–2–8。

表 3-2-8　推广方式分析表

推广类型	推广方式
店内推广	
站内推广	
站外推广	

六、活动总结

活动结束后要及时检查店铺中的各项信息，确保已经更新，并做好售后服务工作，以保证大促期间的用户体验，做好活动分析，试填写表 3–2–9。

表 3-2-9　活动总结分析表

分析要素	总结分析
销售目标完成情况	
流量情况	
转化情况	

任务思考

除了聚划算活动外，淘宝平台还有哪些热门活动？这些活动与聚划算相比具有哪些优劣势？

■ 工作任务二　营销活动设置（速卖通）

任务 2-1　店铺促销活动设置（速卖通）

任务目标

1. 能完成店铺主要促销活动的创建；
2. 能基于不同运营目标选择店铺促销活动。

任务背景

元旦前，林峰分析了店铺近 3 个月连衣裙、T 恤、牛仔裤、衬衫和卫衣五款商品销售情况：虽然接到了一些订单，但订单金额偏低，店铺人气不高，排名靠后，流量少且不稳定，整个店铺的销售总额不理想。林峰准备选择参与一些速卖通平台店铺促销活动，以提高店铺的曝光率、点击率、订单转化率等指标。经过分析比较，最后林峰选择了通过发放店铺优惠券方式进行促销。

任务分析

优惠券创建有两个关键点，一是面额，二是门槛。很多卖家在设置面额和门槛的时候往往会陷入一个误区：设置优惠券的作用就是为了提高客单价，而忽视了店铺的基础情况以及买家的购买心理。在设置优惠券时需要关注以下因素：店内热销产品价格区间、店内低价产品价格区间、店内近 3 个月客单价、店内近 3 个月人均成交件数，以及利润把控、梯级跨度把控等。

任务操作

一、分析不同优惠券的适用情况

常见的优惠券类型有领取型优惠券、定向发放型优惠券、互动型优惠券等，不同的优惠券类型面向的受众和实现的营销效果也会有所不同，试填写表 3-2-1。

3

表 3-2-1　优惠券种类分析表

优惠券类型	适用条件	主要营销用途
领取型优惠券		
定向发放型优惠券		
互动型优惠券		

二、确定不同商品优惠券类型

不同的优惠券产生的利润空间也不相同，面向的用户群体也略有差异，因此要综合考虑各项因素，确定店铺优惠券类型，试填写表 3–2–2。

表 3-2-2　优惠券类型分析表

优惠券类型	原因

三、设置优惠券额度

一般设置优惠券额度，先要分析近 3 个月店铺商品销售情况。试填写表 3–2–3。

表 3-2-3　商品销售情况表

商品类别	成本	价格	销量	买家数量
连衣裙				
T 恤				
牛仔裤				
衬衫				
卫衣				

然后分析确定店内热销商品价格区间、低价商品价格区间、近 3 个月的客单价和人均成交件数等。试填写表 3–2–4。

表 3-2-4　商品销售分析表

热销商品价格区间	低价商品价格区间	客单价	人均成交件数

官方后台会支持 3 元、5 元、10 元、20 元、30 元、50 元和 100 元等面额的优惠券发放，一般针对让利幅度的控制只能在给定的几个面额范围内进行筛选。试填写表 3-2-5。

表 3-2-5　优惠券设置表

商品类别	活动起始时间	面额	门槛
连衣裙			
T 恤			
牛仔裤			
衬衫			
卫衣			

任务思考

满立减和店铺优惠券对客户的核心利益点有何不同？在店铺营销目标上又有何不同？

店铺自主营销——店铺优惠券

任务 2-2　平台活动报名（速卖通）

任务目标

1. 能掌握速卖通平台活动的报名条件和规则；
2. 能掌握大促活动的选品技巧；
3. 能完成大促活动从报名、执行到复盘的全流程策划。

任务背景

速卖通“3·28”大促作为仅次于“双 11”的大型促销活动，能为卖家输送海量流量，帮助卖家显著提升订单量，为店铺带来极高的展现量，与直接推广的方式相比具有短期爆发力强的特点，可以积累大量的店铺客户。林峰决定选择连衣裙、T 恤、牛仔裤、衬衫和卫衣这五种商品报名参加速卖通平台“3·28”大促活动。

任务分析

“3·28”大促活动报名主要有限时限量和全店铺折扣等，曝光度极高，商家进入有一定的门槛，适合具备一定运营能力的商家参与。在参加活动之前需要先确定店铺是否具备

3

报名的资格，然后准确掌握大促的时间节点，制定活动方案，确保报名成功及活动效果。

任务操作

一、掌握招商时间节奏

要参加速卖通“3·28”大促活动，必须对“3·28”招商进程非常熟悉，其招商进程如图 3–2–1 所示。

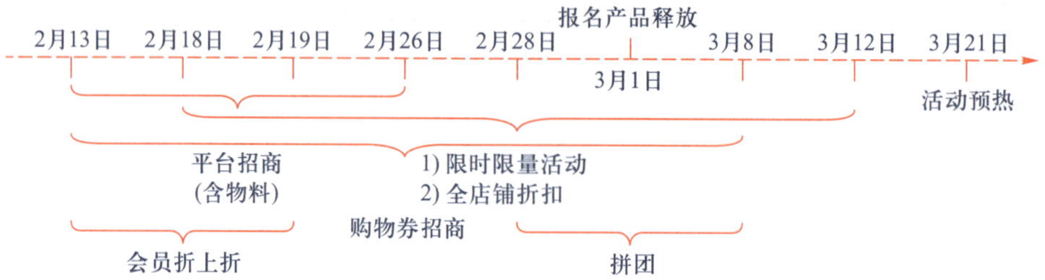

图 3–2–1　速卖通“3 · 28”招商进程

二、分析活动招商规则，确定参与形式

速卖通“3·28”大促活动招商分为常规招商和特殊招商两种形式，特殊招商分为会员优惠招商、拼团以及满件折等。试填写表 3–2–6 和表 3–2–7。

表 3–2–6　常规招商要求分析表

要求类型	招商规则
店铺要求	
购物券要求	
包邮国家和地区	
筛选卖家规则	

表 3–2–7　特殊招商要求分析表

会员优惠招商	拼团	满件折

三、确定营销活动策略

在参加活动之前，需要确定通过活动达到的目的，然后根据要达到的目的倒推整个执行过程，制定不同的营销策略，试填写表 3-2-8。

表 3-2-8　营销活动策略表

活动目标	新品曝光	店铺引流	打造爆款
营销策略 1			
营销策略 2			

四、设置商品折扣

店铺不同商品有不同的任务和作用，重心商品加大折扣吸单用于平台竞争，次重心商品设置普通折扣用于占据坑位分配流量。从连衣裙、T 恤、牛仔裤、衬衫和卫衣产品五款商品中选择一款为重心商品。试填写表 3-2-9。

表 3-2-9　商品折扣设置表

商品名称	连衣裙	T 恤	牛仔裤	衬衫	卫衣
折扣					
重心商品			原因分析		
次重心商品			原因分析		

五、大促造势

店铺日常经营过程就是大促演示过程，只是大促是放大效果，若日常经营不善，预热不好，大促当天想突然弯道超车的概率会非常低。为了大促成功，前期的造势必不可少，需设计合理有效的预热方式，试填写表 3-2-10。

表 3-2-10　大促造势设置表

确定预热时间	
站内引流方式	
站外引流方式	

六、大促爆发准备

前期商品的报名、商品的上新以及商品的引流布局，最终都服务于大促的效果，大促期间需要实现流量的承载以及转化。大促前做好前端页面的设计优化，有助于提高订单转化率，试填写表 3-2-11。

3

表 3-2-11　大促前商品前端优化方案

主图	
标题	
价格	

任务思考

除了“3・28”大促活动外，速卖通平台还有哪些热门活动？这些活动与“3・28”大促相比具有哪些优劣势？

工作任务二　营销活动设置（亚马逊）

任务 2-1　店铺促销活动设置（亚马逊）

任务目标

1. 学会亚马逊店铺主要类型 Coupons 的创建；
2. 掌握优惠券额度的设置技巧；
3. 能完成商品优惠券的创建工作。

任务背景

Coupons 是大促营销和店铺活动营销的常规玩法，设置了 Coupons 的 Listing 在搜索结果展示中显得格外突出，可以激起买家的购买欲望。Coupons 充分利用了消费者图便宜的心理，吸引消费者点击，进而转化为订单，是店铺和单品转化率的利器。

圣诞节来临之际，张珈迪准备根据店里近 3 个月耳机、手机壳、手机镜头、男士智能手表、女士智能手表这五款商品销售情况，通过 Coupons 做一次营销活动。

任务分析

Coupons 创建主要有两个关键点，即金额和门槛。不是所有店铺都能创建优惠券，只有店铺评分 3.5 星以上的店铺才可以创建。很多卖家往往会陷入一个常见误区：优惠券的作用就是为了提高客单价，而忽视了店铺的基础情况以及买家购买时的心理因素。因此，在设置优惠券时，需要关注好以下几个方面：店内热销商品的价格区间、店内低价商品的价格区间、利润把控、店内近 3 个月客单价、店内近 3 个月人均成交件数以及梯级跨度把控等。

Coupons 类型分为百分比优惠和现金优惠两种，其中百分比优惠的幅度要求是 5% ~ 80%；现金优惠预算费用主要用于支付此商品的优惠额（卖家优惠部分由自己承担）和每次成交后亚马逊收取的 0.60 美元的费用，当预算用完 Coupons 就会下线。设置过程中，需要勾选客户可使用 Coupons 的次数，可以一人一次也可以多次重复使用。

任务操作

一、分析近 3 个月店铺商品销售情况

试填写表 3-2-1。

表 3-2-1　商品销售情况分析表

商品名称	成本	价格	销量	买家数量
耳机				
手机壳				
手机镜头				
男士智能手表				
女士智能手表				

二、Coupons 方案分析

根据分析确定参与 Coupons 发放的商品种类，并参考原价格利润率、库存等因素，确定 Coupons 发放预算，预估销量，试填写表 3-2-2。

表 3-2-2　Coupons 方案分析表

商品名称	利润率	库存	优惠预算	预估销量
耳机				
手机壳				
手机镜头				
男士智能手表				
女士智能手表				

三、确定 Coupons 详情

根据 Coupons 方案，确定 Coupons 类型、详情、目标客户群体和时限等。试填写表 3-2-3。

表 3-2-3　Coupons 发放详情表

商品名称	Coupons 类型	Coupons 详情（金额 / 百分比，预算等）	目标客户群体	时限
耳机				

续表

商品名称	Coupons 类型	Coupons 详情（金额 / 百分比，预算等）	目标客户群体	时限
手机壳				
手机镜头				
男士智能手表				
女士智能手表				

四、活动效果分析

活动结束后，对活动结果进行数据统计，分析营销效果，试填写表 3-2-4。

表 3-2-4　活动效果分析表

商品名称	销量	结果分析
耳机		
手机壳		
手机镜头		
男士智能手表		
女士智能手表		

任务思考

Coupons 和其他促销方式（满立减、买一赠一等）分别适用于什么类型的商品？

任务 2-2　平台活动报名（亚马逊）

任务目标

1. 掌握亚马逊平台 Prime Day 活动的报名条件和规则；
2. 掌握 Prime Day 活动的选品技巧；
3. 能完成 Prime Day 活动的全流程策划。

任务背景

每年7月，亚马逊（美国站）会推出全球购物促销活动 Prime Day，为会员提供优惠活动，折扣甚至超过“黑色星期五”。

亚马逊 Prime Day 秒杀是亚马逊卖家的必争资源，参加秒杀活动意味着可以争取更多流量、更多曝光、更多出单。张珈迪决定在耳机、手机壳、手机镜头、男士智能手表、女士智能手表这五款商品中选择一款参加亚马逊的秒杀活动。

任务分析

在选择秒杀商品时，要考虑商品的评价和 Listing 的排名，需求也必须比较大众化，同时保证该商品能够在最晚入仓时间之前备足货；一般 Lightning Deals 的售价要求是现购物车价格的8折及以下，但是在会员日期间，大家都希望促成更多购买，可能会“不约而同”地把折扣再降低，但也不能降价太多，最好不超过30%；同时需注意秒杀活动申请日期。

任务操作

一、调整商品价格

根据数据分析表明10～30美元的商品是 Prime Day 销售主流商品，在旺季卖家还要注意制造商临时提高价格以及亚马逊自身仓储费的变化等因素，及时地调整自身的价格，保持一定的利润空间。

二、选择活动商品

参加亚马逊 Prime Day Lightning Deals 的商品至少需要80%的利润才能保本，卖家需要计算参加秒杀活动的商品是否有合理的利润。试填写表3-2-5。

表3-2-5　商品利润计算表

商品名称	成本	价格	利润
耳机			
手机壳			
手机镜头			
男士智能手表			
女士智能手表			

三、预估商品销量

只有 FBA 配送的商品才能参加 Prime Day 活动。因此，在 Prime Day 开始之前，需要预估商品的销量，以便于合理备货。备货可考虑海运和空运相结合，既降低成本，又确保物流的优质和稳定，试填写表 3-2-6。

表 3-2-6　商品 FBA 物流方案表

商品名称	备货量	备货周期	物流选择	发货时间	到货时间
耳机					
手机壳					
手机镜头					
男士智能手表					
女士智能手表					

四、活动效果分析

活动结束后，进行数据统计，分析营销效果，试填写表 3-2-7。

表 3-2-7　活动效果分析表

商品名称	销量	结果分析
耳机		
手机壳		
手机镜头		
男士智能手表		
女士智能手表		

任务思考

一般哪些原因会导致申报亚马逊平台秒杀活动失败？

工作任务三　日常订单管理（淘宝）

任务目标

1. 能完成订单审核、网上发货以及延长收货时间处理；
2. 能对交易成功的买家进行合理的评价；
3. 能对申请退换货的订单进行退换货处理。

任务背景

经过前期的运营，店铺内陆续开始有大量的订单产生。为了进一步提高买家的购物体验和店铺的 DSR 评分，李然需要密切关注各类订单的状态，对需要发货的订单进行及时的发货处理。对于已经交易成功的买家，为了增强互动，要及时进行合理的评价；对由于特殊原因造成收货延迟的订单，要进行延长收货时间处理；对于由于商品、物流问题引发的退换货订单，要积极与买家协调进行相应的退换货处理。

任务分析

加强日常订单管理，就要准确快速地处理订单。完成订单的发货、退换货等。及时的售后处理能提高买家服务质量，提高买家的好评度，从而更好地促进店铺的发展。常规订单的发货要及时、高效，选择合适的物流，在保证时效的基础上压缩物流成本；对于特殊情况导致不能如期收货的订单，要积极与买家耐心沟通，在其允诺情况下进行延长发货处理。对于买家的评价要真诚，对于要求退换货的买家，要具体情况具体分析，以确保买家满意和店铺利益。

任务操作

一、订单发货处理

淘宝网店订单处理流程

通过订单管理系统查看订单的状态，查找已付款未发货订单。然后确认订单具体内容，查询库存。对物流有特殊要求的，按照买家需求联系物流公司线下发货，上传物流单号。对于没有特殊要求的买家，一般采用常规线上发货。为了节约时间和物流成本，在买家对物流提出个性化的需求时，尽量使用与本

3

店铺合作的物流进行发货。请完成表 3–3–1。

表 3–3–1　发货流程分析表

订单号	审核情况		审核处理方案
	订单状态	□ 付款　□ 已付款　□ 已发货	
	订单合并	同一地址多个订单 ？ □ 是　　□ 否	
	订单冻结	存在订单异常 ？ □ 是　　□ 否	
	确定快递公司	□ 申通 □ 韵达 □ 中通 □ 圆通 □EMS □ 中国邮政　□ 顺丰	
	订单打印	是否打印？ □ 是　　□ 否	

二、延长收货时间

从订单产生到收货有个时间周期，时间一到系统就会强制默认收货。如果不能如期送达货物，就容易引起买家的不满，所以对于此类订单一定要慎重处理，试填写表 3–3–2。

表 3–3–2　延长收货时间分析表

原因	处理方法

三、对买家进行评价

评价买家也是加强互动的一种方式，通常采用模板化的回复。但是太通用的官方回复没有明显的效果，建议针对不同情况，设置不同的回复评价内容，试填写表 3–3–3。

表 3–3–3　评价回复分析表

评价问题	评价打分	回复评价
物流问题	□ 好评　□ 中评　□ 差评	
服务态度	□ 好评　□ 中评　□ 差评	
商品质量	□ 好评　□ 中评　□ 差评	

四、退换货处理

退换货的次数太多会影响店铺的评分，所以当有这样的订单出现的时候，要进行恰当的处理。处理优先级为：不退不换→退改换→退货，试填写表 3-3-4。

表 3-3-4　退换货处理分析表

订单号	商品	退换货原因	处理方法

任务思考

如何减少商品的退换货？店铺发货及退货操作不当有哪些情况？对店铺分别有何负面影响？

■ 工作任务三　日常订单管理（速卖通）

任务目标

1. 掌握发货流程，能完成发货处理；
2. 能完成延长订单收货时间操作；
3. 能完成退换货操作。

任务背景

通过开展促销活动，店铺内陆续有大量订单产生。为了提高买家的购物体验和店铺的DSR评分，林峰密切关注各类订单的状态，一旦买家付款就及时发货。在处理订单过程中，林峰遇到两种特殊情况：一是快递公司由于天气原因造成投递延迟，致使买家不能按时收货；二是买家对收到的商品不满意，并在平台发起了退货申请。

任务分析

加强日常订单管理，就要快速准确地处理订单、完成订单发货和退换货。对已经交易成功的订单，要积极联系买家，了解所购商品的使用反馈，争取买家好评；对因特殊原因造成收货延迟的订单，要及时进行延长收货时间处理；对因商品、物流问题引发的退换货订单，要积极与买家协调，进行相应的退换货处理。

任务操作

一、订单发货处理

卖家通过订单管理系统查看订单的状态，查找已付款未发货订单，确认订单具体内容，查询库存。根据订单中买家选择的物流方式，卖家选择线上或线下发货，试完成表 3-3-1。

平台发货——线上发货

3

表 3-3-1　订单发货处理表

物流方案	订单审核与发货	备注
线上发货	订单号	
	上门揽收	
	国内物流单号	
	打印发货标签	
	发货通知	
	支付运费	
线下发货	发货通知	
	物流服务名称	
	货运跟踪号	

二、延长收货时间

平台从订单产生到买家收货有时间限定，时间一到系统将强制默认收货。如由于特殊原因造成快递公司投递延误，可能存在买家延期收货的现象，卖家需提前延长收货时间，以避免买家未收到货而被平台强制默认收货的情况出现。在此过程中与买家保持良好沟通，争取好评，试填写表 3–3–2。

表 3-3-2　延长收货时间分析表

原因	处理方法

三、对买家进行评价

评价买家也是加强互动的一种方式，通常采用的是模板化的回复。为了体现卖家的真诚，对不同商品设置不同的回复内容是明智的选择，试填写表 3–3–3。

表 3-3-3　回复评价模板表

商品名称	回复评价模板
连衣裙	
T 恤	
牛仔裤	
衬衫	
卫衣	

四、退换货处理

退换货的次数多会影响店铺评分，因此如果出现退换货订单，要进行恰当的处理。优先级为：不退不换→退改换→退货，试填写表 3-3-4。

表 3-3-4　退换货处理表

换货原因	处理方法
退货原因	处理方法

任务思考

速卖通平台的退换货率会对店铺产生哪些影响？怎样安抚未按时收到货的买家的情绪，以确保店铺的好评率？

工作任务三　日常订单管理（亚马逊）

任务目标

1. 掌握发货流程，完成自发货处理；
2. 能进行退换货处理。

任务背景

经过前期的运营，店铺内陆续开始有大量订单产生。为了进一步提高买家的购物体验和店铺的 Feedback 和 Review 评分，张珈迪需要密切关注各类订单的状态。对需要发货的订单进行及时的发货处理。对由于商品、物流问题引发的退换货订单，要积极与买家协调，进行相应的退换货处理。

任务分析

加强日常订单的管理，就要准确快速地处理订单。及时的售后处理能提高卖家服务质量，提高买家的好评度，从而更好地促进店铺的发展。常规订单的发货要及时、高效，选择合适的物流，在保证时效的基础上，压缩物流成本；对于要求退换货的买家，要具体情况具体分析，确保买家满意度和店铺的利益。由于跨境电商物流运输费用和周期都较长，所以避免退换货尤为重要。

任务操作

一、订单发货处理

对于自发货的订单，在订单生成后可以在后台“订单管理”看到订单详细信息，将商品打包好交给物流商，获得订单号后，在订单处理页面，点击“确认发货”按钮，填上订单跟踪号以及相关物流信息，这个订单就视为已被处理；一般系统默认发货时间是两天，发货时间可以在后台设置，如果超过设定的发货时间，将会影响及时发货率。同时必须在订单日期 30 天内向亚马逊确认订单发货。否则，亚马逊将自动取消订单。请填写表 3-3-1。

表 3-3-1　自发货商品物流分析表

目的国	物流时效性	物流方式选择
美国		
日本		
俄罗斯		
巴西		
埃塞俄比亚		

卖家要定期对自发货订单进行数据统计和分析，因为亚马逊平台会从若干个维度对卖家进行绩效考核，影响店铺评分。试填写表 3-3-2。

表 3-3-2　自发货订单绩效考核表

考核项目	数据分析
订单缺陷率	
取消率	
货品迟发率	
有效跟踪率	

二、退换货处理

退换货的满意度会影响账户的评分，当这样的订单出现的时候，要进行恰当的处理。优先级为：不退不换→退改换→退货（部分退款）→退货（全部退款）。试填写表 3-3-3 和表 3-3-4。

表 3-3-3　自发货退换货分析表

自发货换货处理	
换货原因	处理方法
自发货退货处理	
退货原因	处理方法

表 3-3-4　FBA 发货退换货分析表

FBA 发货换货处理	
换货原因	处理方法
FBA 发货退货处理	
退货原因	处理方法

任务思考

亚马逊平台提供两种发货方式：自发货和 FBA 发货，分析不同发货方式的退换货流程有什么异同？

工作任务四　运营数据分析（淘宝）

任务目标

1. 能对店铺实时、流量、商品、交易、内容、物流数据进行分析；
2. 能根据分析结果提出针对性运营改进建议或方案。

任务背景

经过前期的运营，店铺开始快速发展，为了更好地了解店铺的运营状况，制定下一步的运营策略，李然通过“生意参谋”对店铺内的经营数据进行详细分析，并根据分析结果制定下一步的运营改进方案。

任务分析

店铺经营数据分析主要包括以下六个方面：实时数据、流量数据、商品数据、交易数据、内容数据、物流数据。以上几方面的数据是店铺经营需要重点考虑的方面，从每个数据分析店铺经营过程中存在的问题并且提出解决方案。

任务操作

一、分析实时数据

实时数据，主要包括实时概况、实时来源、实时榜单、实时访客等数据。试填写表3–4–1至表3–4–4。

表3–4–1　实时概括数据分析表

项目	访客数	浏览量	支付金额	支付子订单数	支付买家数
分析结论1					
分析结论2					

表3–4–2　实时来源数据分析表

实时来源	PC端	移动端
钻展		

3

续表

实时来源	PC 端	移动端
淘宝客		
直通车		
聚划算		
分析结论		

表 3-4-3 实时榜单数据分析表

实时榜单：访客数 TOP10					
商品名称	浏览量	访客数	支付金额	支付买家数	支付转化率
手提包					
钱包					
单肩包					
拉杆箱					
双肩包					
实时榜单：支付金额 TOP10					
商品名称	浏览量	访客数	支付金额	支付买家数	支付转化率
手提包					
钱包					
单肩包					
拉杆箱					
双肩包					
分析结论					

表 3-4-4 实时访客数据分析表

序号	访问时间	入店来源	被访页面	访客位置
1				
2				
3				
4				
5				

二、分析流量数据

查看流量看板、流量来源、访客时间段、访客分析等数据，对流量进行数据分析。试填写表 3-4-5 至表 3-4-8。

表 3-4-5　流量看板数据分析表

模块	访客数	浏览量	老访客数	新访客数
流量看板				
分析结论				

表 3-4-6　流量来源数据分析表

模块	直通车	手淘搜索	购物车	收藏夹	淘宝内部免费其他
流量来源					
分析结论					

表 3-4-7　访客时间段数据分析表

模块	12 月前访客数	同行同层平均访客数	同行同层优秀访客数
访客时间段			
分析结论			

表 3-4-8　访客分析数据分析表

模块	地域分布	性别分布	年龄分布
访客分析			
分析结论			

三、分析商品数据

查看商品概括、商品效果、异常商品等数据，对商品数据做出分析，试填写表 3-4-9 至表 3-4-11。

表 3-4-9　商品概括数据分析表

模块	商品访客数	商品浏览量	平均停留时长	详情页跳出率	商品收藏次数
商品概括					
分析结论					

表 3-4-10　商品效果数据分析表

商品名称	商品数	访客数	加购件数
手提包			
钱包			
单肩包			
拉杆箱			
双肩包			
分析结论			

表 3-4-11　异常商品数据分析表

模块	流量下降	支付转化率低	跳出率高	支付下跌	零支付
异常商品					
分析结论					

四、分析交易数据

查看交易概括、交易构成等数据，对交易情况进行分析，并填写表 3-4-12。

表 3-4-12　交易数据分析表

数据	分析结论	
交易概括	访客数	
	下单买家数	
	支付买家数	
	下单买家数	
	支付金额	
交易构成	终端构成	
	类目构成	
总结论		

五、分析物流数据

查看物流 DSR 分值、创建订单量、发货订单量、揽收订单量、物流异常订单数等数据，对物流情况进行分析，并填写表 3-4-13。

表 3-4-13　物流分析数据分析表

数据项	分析结论
物流 DSR 分值	
创建订单量	
发货订单量	
揽收订单量	
物流异常订单数	
总结论	

六、制定运营优化建议方案

试填写表 3-4-14。

表 3-4-14　运营优化建议方案表

运营状况分析结论	制定运营优化建议方案

任务思考

通过数据分析如何更好地推动店铺发展？店铺分析的核心维度有哪几个？

工作任务四　运营数据分析（速卖通）

任务目标

1. 能通过数据纵横，分析商品的销售状况；
2. 能通过数据纵横，分析店铺的运营状况。

任务背景

营销活动结束后，林峰发现店铺的成交量又陷入不理想的状态，于是他从后台的数据纵横中了解了各个商品的曝光量、浏览量、成交量、订单转化率、停留时长等，同时查看了店铺的访客来源、客单价、流量来源等。他发现两个问题：第一，店铺整体的客单价低；第二，商品的曝光量低，浏览量及订单转化率更低。

任务分析

通过速卖通后台数据纵横可以查询店铺、商品及客户相关数据。对于店铺来说，其商品的格局与曝光、访问量、做出的成绩等都一一隐藏在数据之中，通过对店铺数据进行分析，可以得出店铺及商品存在的不足，有利于卖家针对这些不足来“对症下药”，促进店铺更好地经营。

要及时分析单品的曝光量、访客数、订单数，如果曝光量低，可能是标题及关键词选择不准确；如果出现曝光量高但浏览量低的情况，可能是主图或价格不吸引人；如果浏览量高但订单转化率低，可能是价格或详情页等存在问题。

任务操作

一、实时风暴

实时风暴主要包括实时概况、实时商品、实时访客等。试填写表 3-4-1 至表 3-4-3。

探秘实时风暴

表 3-4-1　实时概况分析表

项目	店铺浏览量	店铺访客数	支付订单数	支付金额	支付买家数	加购物车人数
分析结论 1						
分析结论 2						

表 3-4-2　实时商品数据分析表

商品名称	支付金额	浏览量	访客数	下订单数	支付订单数	加购物车人数	加收藏夹人数
连衣裙							
T 恤							
牛仔裤							
衬衫							
卫衣							
分析结论							

表 3-4-3　实时访客数据分析表

项目	访客 ID	会员等级	访客类型	访客行为	浏览量	浏览商品数	支付订单数	支付金额
分析结论 1								
分析结论 2								

二、流量分析

查看流量趋势、入店来源、离店去向、自主推广效果四个模块的数据，对流量进行简单数据分析。试填写表 3-4-4。

表 3-4-4　流量分析表

分析指标	分析结论
流量趋势	
入店来源	
离店去向	
自主推广效果	
总结论	

三、经营分析

查看成交分析等数据，对店铺成交数据做出分析，并填写表 3-4-5。

表 3-4-5　店铺数据分析表

数据	分析结论
商铺排名	
成交概况	
成交分布	
成交核心指标	
成交波动	
总结论	

四、商品数据分析

查看商品分析、商品流量、异常商品等数据，对商品数据做出分析，并填写表3-4-6。

表 3-4-6　商品数据分析表

分析指标	分析结论
商品分析	
商品流量—来源去向	
商品流量—国家或地区分布	
异常商品	
总结论	

任务思考

如何通过数据分析来扩大商品推广效果，并打造爆款。

工作领域四

网店客户服务

思维导图

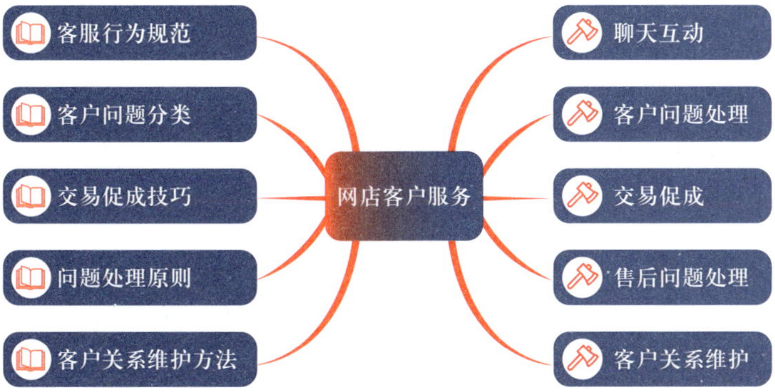

工作任务一　聊天互动（淘宝）

任务目标

1. 能根据常见聊天互动场景，从买家角度挖掘聊天互动相关问题；
2. 能针对聊天互动问题设置聊天互动话术，并完成聊天互动场景训练。

任务背景

李然在网店运营过程中发现店铺近期客户流失率很高。通过调查分析发现，部分买家虽然与客服进行了高频率的沟通，但是并未成交。有一部分原因是客服在聊天互动的过程中，没有按照客户行为规范进行迎接问好、礼貌告别。

通过分析发现，客服在买家进店后的沟通过程中没有使用礼貌用语，态度生硬，回复响应时间超过一分钟。另外，当买家通过不同的表情表达自己的情绪时，客服人员不能准确判断买家情绪。在礼貌告别环节，没有针对客户的不同类型依礼道别。因此，李然决定从迎接问好、买家表情、礼貌告别三个方面优化聊天互动场景回复话术，提高服务质量，减少客户流失。

任务分析

迎接问好是在线客服接待客户时的第一个工作流程，重在“迎”字。因此，客户前来咨询时，回复内容要有情感的表达。设置话术时可以从问候语、自我介绍、活动信息、高频问题等方面进行回复。如果只是简单回复“在”，会让客户感到冷漠，造成客户流失。

4

买家表情是买家通过发送表情来表达自己的情绪。客户服务人员收到表情后，需要识别表情含义、分析发送表情原因，并编辑合适的话术进行回复。

不管对成交客户还是未成交客户，都要进行礼貌告别。针对成交客户，可以从感谢光临、引导客户关注店铺或者收藏店铺、邀请客户进行服务评价、商品评价、加入店铺群等角度进行回复。针对未成交客户，可以通过聊天记录分析客户未成交原因，邀请买家关注店铺并告知关注方法等。

任务操作

一、迎接问好场景训练

在进行迎接问好时，回复内容可以从问候语、自我介绍、活动信息、高频问题等方面编辑话术。表现形式通常为：内容 + 活动 + 商品链接。试填写表 4–4–1。

表 4–1–1　迎接问好场景训练表

问题场景：买家问好	
问题列表	回复话术
问题场景：买家咨询商品	
问题列表	回复话术

二、表情问题场景训练

准确识别买家发送表情含义、分析买家情绪，编辑合适的话术进行回复。

1. 识别表情含义，分析出现场景

识别不同表情的含义及出现场景，试填写表 4–1–2。

表 4–1–2　常用表情解读表

表情	含义	出现场景
胜利		

续表

表情	含义	出现场景
怀疑		
无奈		
流汗		
握手		
迷惑		
大怒		
再见		

2. 分析买家情绪

通过表情含义结合聊天情景，分析买家情绪，试填写表 4–1–3。

表 4–1–3　买家情绪分析表

表情	买家情绪分析
胜利	
怀疑	
无奈	
流汗	
握手	
迷惑	
大怒	
再见	

3. 表情问题场景训练

围绕聊天场景，挖掘表情相关问题，编辑回复话术，试填写表 4–1–4。

表 4–1–4　表情问题场景训练表

问题场景：买家发送胜利表情	
问题列表	回复话术

4

续表

问题场景：买家发送怀疑表情	
问题列表	回复话术
问题场景：买家发送无奈表情	
问题列表	回复话术
问题场景：买家发送流汗表情	
问题列表	回复话术
问题场景：买家发送握手表情	
问题列表	回复话术
问题场景：买家发送迷惑表情	
问题列表	回复话术
问题场景：买家发送大怒表情	
问题列表	回复话术
问题场景：买家发送再见表情	
问题列表	回复话术

三、礼貌告别场景训练

围绕礼貌告别场景，挖掘相关问题，编辑回复话术，试填写表 4-1-5。

表 4-1-5　礼貌告别场景训练表

问题场景：成交客户礼貌告别	
问题列表	回复话术
问题场景：未成交客户礼貌告别	
问题列表	回复话术

任务思考

如何通过聊天互动技巧，拉近与买家的距离，增强客户黏性？

工作任务一　聊天互动（速卖通）

任务目标

1. 能快速、准确地回复买家消息；
2. 能识别客户站内信中使用的表情，并分析判断客户心理；
3. 能与客户礼貌告别。

任务背景

最近心语公司的速卖通店铺每天都能收到买家的消息，林峰为了能快速应答，准备了一些常见的聊天互动话题作为客服快速响应的参考模板。

林峰总结了一些客服工作要领，例如：客户的邮件需及时回复（不要错过最佳 24 小时回复时间）；邮件内容主旨分明，针对客户问题需给予专业、明确的答复；邮件篇幅宜简短；注意沟通中问候语和礼貌用语的使用等。

任务分析

消息中心站内信，是目前速卖通平台提供给买卖双方沟通的主要沟通工具。在速卖通平台回复买家问题时，应尽可能快速准确、热情、主动，高效的互动可以提升客户的信任感，提高转化率。

很多买家喜欢在站内信中使用表情。客服在沟通过程中，通过表情可以分析识别客户心理，进行相应回复。

不管是否成交，都要与客户真诚告别，表达感谢和祝福，让客户有愉快的购物体验。

任务操作

一、设置聊天互动模板

场景一：新客户留言，表示对店铺产品有兴趣，向新客户表示欢迎，可以邀请客户收藏店铺、添加产品至愿望清单、收藏产品链接。

Dear friend,

Thank you for your interests in my item.

In order to offer a better service and keep you updated with the latest promotions and products, please add to____________. Add to and subscribe to my product website: http://******.

Please let me know for any further questions. Thanks.

Best Regards,

Lin Feng

场景二：订单创建后，主动联系客户沟通相关事项（尺码或颜色等）。

Dear friend,

We appreciate your order from us. You have chosen one of the bestselling products in our store. It's very popular for its good quality and competitive prices.

We would like to inform you that__________________________________.

We noticed that____.

If you need any help or have any questions, please let us know.

Best Regards,

Lin Feng

场景三：因为（周末 / 节假日）未及时回复，向客户表示歉意（可通过主动给与折扣方式赢取客户）

Dear friend,

I am sorry for___________________. Yes, we have this item in stock. And to____________our delayed response, we will offer you 10% off. Please place your order before Friday to enjoy this discount. Thank you!

Please let me know if you have any further questions.

Best Regards,

Lin Feng

二、表情问题场景训练

对速卖通平台买家常用表情进行分析，尝试解读买家心理。请填写表 4-1-1。

表 4-1-1　常用表情解读表

表情	含义	出现场景

续表

表情	含义	出现场景

三、礼貌告别场景训练

礼貌的告别能积累粉丝数量，也能方便客户下次购买。针对成交客户，一般要感谢客户的光临，请客户耐心等待收货，并提醒客户收藏、关注店铺；对于未成交客户，可以祝愿对方购物愉快，诚恳地表达谢意，同时总结店铺未成交原因，并进行相应改进。试填写表 4–1–2。

表 4–1–2　礼貌告别场景训练表

问题场景：礼貌告别—成交客户	
问题列表（英文填写）	回复话术（英文填写）
问题场景：礼貌告别—未成交客户	
问题列表（英文填写）	回复话术（英文填写）

任务思考

除了站内信，还可以通过哪些方式与速卖通平台客户进行互动沟通？

工作任务一　聊天互动（亚马逊）

任务目标

1. 掌握礼貌规范用语，能快速准确回复客户；
2. 能根据不同场景与客户进行礼貌告别。

任务背景

张迦迪在经营店铺的过程中发现，亚马逊平台非常注重买家体验。平台不允许卖家主动联系买家，日常客服主要工作就是在24小时内及时有效回复客户的询盘。回复客户询盘要做到有针对性，有效解决客户的问题和疑虑，能得到客户的认可和满意。因此，张迦迪在迎接问好、礼貌告别等方面总结了一套常用的话术，以提高回复买家询盘的速度和精确度。

任务分析

在亚马逊卖家的日常运营中，客服的主要工作是买家消息的处理。面对成千上万个客户，每个客户的询问各不相同，但任何一条消息的背后，都是一个充满期待的客户，因此，回复买家问题时，只有快速并热情、主动、及时高效地与客户互动，才能获得客户的理解和支持，进而确保运营稳定和业绩提升。

不管对方是成交客户还是未成交客户，与客户真诚的告别，在感谢光临的同时送上简单的祝福，会让客户感到这是一次愉快的购物体验，这样不仅能为店铺积累粉丝数量，还能提高客户的复购率。

任务操作

一、迎接问好场景训练

迎接问好是在线客服接待买家时的首个工作流程。如果回复时间过长，客户可能会直接另选商家。因此，客服人员在迎接问好时应做到反应及时、热情亲切、了解需求等。试填写表4-1-1。

4

表 4-1-1 迎接问好场景训练表

问题列表（请用英文填写）	询盘回复（请用英文填写）

二、礼貌告别场景训练

客服的礼貌告别，能积累粉丝，提高转化率。针对成交的买家，要感谢买家的光临，请买家耐心等待收货；对于未成交买家，也可以祝愿对方购物愉快，并诚恳地表达为买家提供服务的高兴心情。同时，亚马逊客服需总结反思店铺在哪个环节没有做好，导致未成交，并做相应改进。试填写表 4-1-2。

表 4-1-2 礼貌告别场景训练表

问题场景：礼貌告别—成交客户	
问题列表（请用英文填写）	回复话术（请用英文填写）
问题场景：礼貌告别—未成交客户	
问题列表（请用英文填写）	回复话术（请用英文填写）

任务思考

如何针对不同类型的客户设置不同的告别话术？

■ 工作任务二　客户问题处理（淘宝）

任务 2-1　商品相关问题处理（淘宝）

任务目标

1. 能根据商品问题的常见场景分析客户关心的商品问题；
2. 能根据商品问题场景设计合理话术，并完成商品问题场景训练。

任务背景

李然通过淘宝后台生意参谋分析发现一款女士手提包的访问量、询单量都很大，可询单转化率却不高。经分析，客服数据显示响应时间和回复率都达到了行业标准，客服态度也不是问题。进一步与客服交流和查看客服的聊天记录发现，买家强调在别的店铺看到类似的商品，价格稍低，而客服没有很好地阐述自家商品的优势，也就没有取得客户的信任。基于这种情况，李然决定就商品的售前问题、售后问题场景进行话术设置，以提高询单转化率，降低纠纷率。

任务分析

客户在购买商品之前，通常会提出很多问题，也会在收到商品后对商品的使用、退换货流程、商品破损等表示不满，作为客服需要及时、专业地回复并协助解决客户问题，客服既要熟悉产品的质量、适配度、功能等问题，也需要熟悉产品的活动和优惠等问题，并能根据问题进行话术设置，及时、充分地回答客户关心的问题，提高转化率，降低纠纷。

任务操作

一、商品相关问题分析

根据商品特性，列出商品常见问题并进行分析。试填写表 4-2-1。

4

表 4-2-1 商品问题分析表

问题类型	问题列表	内容描述
产品	质量	
	适配度	
	功能	
与活动相关	价格	
	物流	
	优惠券	

二、商品问题场景训练

围绕商品问题的场景，从买家的角度拓展相关问题，设置有情感的话术，提高询单转化率。试填写表 4-2-2。

表 4-2-2 商品问题场景训练表

问题场景：商品问题	
问题列表	回答话术
质量	
适配度	
功能	
问题场景：与活动相关问题	
问题列表	回答话术
价格	
物流	
优惠券	

任务思考

影响询单转化率的因素有哪些？如何提高淘宝客服的询单转化率？

任务 2-2 物流相关问题处理（淘宝）

任务目标

1. 能根据淘宝争议处理规范中的签收规定界定物流风险责任；

2. 能根据物流问题场景进行话术设置，并完成物流问题场景训练。

任务背景

艾迪公司使用申通和圆通发送快递，时常碰到因天气、爆仓等原因导致停运商品、无法正常派送订单等现象，导致客服会收到大量客户的不满投诉。为降低客户因物流问题对公司的投诉和差评率，李然决定梳理物流问题场景，进行话术设置，以降低因物流产生的纠纷率。

任务分析

在交易过程中，由于物流不受卖家控制，物流是易产生纠纷的一个重要环节。客服处理物流问题时，先要梳理造成物流问题的因素，并针对不同问题做出合理的处理方式。因此，可以通过物流问题场景的设置，规范物流问题应对话术，以降低纠纷率，提高客户满意度。

任务操作

一、物流相关问题分析

根据物流的环节，分析物流可能出现的问题。试填写表 4–2–3。

表 4–2–3　物流问题分析表

物流责任	物流常见问题
卖家	
物流公司	
不可抗力	

二、物流问题场景训练

围绕物流问题的场景，设计处理流程，并从买家的角度设置有关问题的情感话术，降低物流风险。试填写表 4–2–4。

表 4–2–4　物流问题场景训练表

问题场景：卖家因素场景训练		
问题列表	处理流程	回答话术
发错货		
破包		
质量		

续表

问题场景：物流公司因素场景训练		
问题列表	处理流程	回答话术
物流信息不更新		
物流超区		
显示签收单买家未收		
破损处理		
问题场景：不可抗力因素场景训练		
问题列表	处理流程	回答话术
不可抗力		

任务思考

卖家在什么情况下使用淘宝争议处理规范中的签收规定来降低风险？

■ 工作任务二　客户问题处理（速卖通）

任务目标

1. 能快速、准确地解答客户关于商品的疑问；
2. 能回复客户物流问题，告知订单物流状态。

任务背景

速卖通店铺促销活动后，林峰收到很多买家问题：有下单前咨询尺码、颜色、质量、产地等信息，有付款前讲价、询问促销信息、希望收到赠品等。为了快速准确地解答客户疑问，必须尽快熟悉商品常见问题并整理话术。

客户对于物流问题尤其是发货时间和物流时效非常关注。林峰对不同地域的物流方式进行了总结，尽可能向客户提供准确回复，消除客户疑虑。

任务分析

客户咨询商品问题，代表客户对商品有兴趣，客服人员需尽可能详细地介绍商品，让客户对商品有更多的了解。同时，还应关注客户需求，根据客户反应判断其意图，进行有针对性的宣传，进而促进成交。

不同的货物、不同的物流公司的送达时间会存在差异。客服人员应做好物流跟踪。在与客户的沟通中，客服人员可强调是与优秀的物流公司合作，承诺尽快将商品送交；告知客户会根据客户地址选择最优物流送达货物。客服人员应熟悉速卖通平台商品的物流选择、运费计算方法，并做好订单物流信息跟踪提示。

任务操作

一、商品相关问题场景训练

客户服务人员应该熟悉店铺商品相关问题，主要包括尺码、颜色、质量、产地等商品基本属性，以及议价、库存、赠送礼品、价格低廉或昂贵的原因、支付方式等常见问题。以店铺连衣裙产品为例，分析商品相关问题场景训练。试填写表 4-2-1。

表 4-2-1 商品相关问题场景训练表

问题列表（英文填写）	回复话术（英文填写）

二、物流相关问题场景训练

客户下单后，对于订单发货时间、物流速度、物流进度等问题会很关注，客服人员应做好订单物流信息跟踪，并及时准确回复客户问题。试填写表 4-2-2。

表 4-2-2 物流相关问题场景训练表

问题列表（英文填写）	回复话术（英文填写）

任务思考

对于客户提出的商品降价或折扣要求，应如何回复？货物超过预计时间未送达时，如何回复买家才能打消其疑虑？

工作任务二　客户问题处理（亚马逊）

任务目标

1. 能准确快速回复买家关于商品的疑问；
2. 能回复客户物流问题，告知订单物流状态。

任务背景

张迦迪在经营店铺的过程中，总结发现客户问的最多的就是商品相关问题以及物流相关问题，为了能准确、快速地回复客户问题，张迦迪决定根据服务过程中的常见问题整理出话术库，为客服人员日常工作做更好的准备。

任务分析

客户就商品的相关信息向客服人员咨询，代表客户对商品有一定的兴趣。客服人员应该尽可能详细地向客户介绍商品信息，让客户对商品信息有更多的了解，让客户感受到被尊重并觉得商品确实是值得购买的。因此，客服人员应该根据客户的反应判断其意图，并进行针对性的描述，提高成交率。

各物流公司的实际运营情况会影响货物送达的时间。筛选资质较好的物流公司是稳定客源的重要保障，鉴于此，向客户承诺最快最好的物流服务是必备的程序。客户咨询的物流方面问题主要是物流时效、物流进度等。

任务操作

一、商品相关问题场景训练

客服人员应该熟悉店铺商品相关问题，主要包括价格、尺码、颜色、质量、产地等商品基本属性问题，以及议价问题、库存问题、赠送礼品问题、价格低廉或昂贵的原因、支付方式等常见问题。以店铺手机壳商品为例，分析商品相关问题场景训练。试填写表4–2–1。

4

表 4-2-1　商品相关问题场景训练表

问题列表（英文填写）	回复话术（英文填写）

二、物流相关问题场景训练

客户下单后，对于订单发货时间、物流速度、物流进度等问题会很关注，客服人员应做好订单物流信息跟踪，并及时准确回复客户问题。试填写表 4-2-2。

表 4-2-2　物流相关问题场景训练表

问题列表（英文填写）	回复话术（英文填写）

任务思考

对客户提出的商品降价或折扣要求，应如何回复？商品超过预计时间未送达时，如何回复买家才能打消其疑虑？

工作任务三 交易促成（淘宝）

任务 3-1 商品推荐场景训练（淘宝）

任务目标

1. 能根据常见的商品推荐场景，从买家角度挖掘商品推荐相关问题；

2. 能针对商品推荐问题设置商品推荐话术，并完成商品推荐场景训练。

任务背景

李然通过淘宝后台生意参谋分析发现，店铺正在参加聚划算活动的手提包的浏览、转化数据较之前没有太多的提高。除此之外，与这款手提包用户群体相似的爆款商品（双肩包）由于部分颜色缺货，虽然浏览量有所提高，但存在转化率不高的问题。

通过与售前客服交流以及浏览部分聊天记录，李然发现客服一方面没有主动向老客户进行活动推荐，另一方面在与买家的沟通过程中存在推荐不当的问题，这直接影响到手提包的销量。于是，李然根据以上问题，决定从活动推荐、需求推荐、替代商品推荐三个方面进行话术的设置，提高商品的推荐转化率。

任务分析

活动推荐主要是面向老客户或有相关需求的客户。为了提高活动推荐转化率，需要分析活动商品与客户需求的匹配度，不要盲目地向无需求的客户进行推荐，以防打扰客户，给客户带来不良体验。确定了活动推荐的客户后，接下来就是进行活动推荐话术的设置，通常从活动介绍、客户利益、制造紧迫感等几个方面进行内容的编辑，外加活动商品链接，方便客户进行查看购买，提高活动推荐转化率。

需求推荐主要是在与买家交流的过程中，了解买家喜好，根据其需求从店铺中选择合适的商品进行推荐，态度要诚恳，推荐要专业。通常从买家需求、商品介绍、买家利益等方面进行内容编辑，外加推荐商品链接，用来提高转化率。

替代商品推荐主要是在买家第一购买意向商品缺货的情况下产生的行为，在此需要注意的是，首先捕捉买家第一购买意向商品的特性、买家需求，然后根据分析从店铺中选择能满足用户需求的相似商品。通常从表示歉意、解释原因、介绍替代品等方面进行内容编辑，外加替代品商品链接，提高店铺相关商品的转化率。

任务操作

一、活动推荐场景训练

1. 确定活动推荐发送客户

通过分析店铺客户的购买行为，结合店铺现有活动商品的特性，确定活动推荐发送的客户群体。试填写表 4–3–1。

表 4–3–1　活动推荐发送客户特征分析表

购买记录	咨询情况	浏览情况

2. 分析活动推荐话术内容

从活动介绍、客户利益、制造紧迫感三个方面进行内容的准备。试填写表 4–3–2。

表 4–3–2　活动推荐话术构成及内容要素表

话术构成	活动介绍	客户利益	制造紧迫感
内容要素			

3. 问题拓展及回复

围绕活动推荐的适用场景，从买家角度拓展相关问题，设置有情感的营销话术，提高智能回复的精准率和转化率。试填写表 4–3–3。

表 4–3–3　活动推荐场景训练表

问题场景：买家咨询店铺活动	
问题列表	回复话术
问题场景：买家购买活动相关商品	
问题列表	回复话术

续表

问题场景：买家咨询活动商品	
问题列表	回复话术

二、需求推荐场景训练

1. 分析需求推荐场景

根据不同的商品特性，结合买家的购买心理，分析需求推荐场景产生的条件，确定相应的处理方法。试填写表 4-3-4。

表 4-3-4　常见需求推荐场景及处理方法表

需求推荐场景	处理方法
款式推荐	
尺寸推荐	
颜色推荐	
功能推荐	

2. 编辑需求推荐场景回复话术

围绕需求推荐产生的条件，从买家角度拓展相关问题，根据商品推荐话术模板进行内容编辑，外加推荐商品链接。试填写表 4-3-5。

表 4-3-5　商品需求推荐场景训练表

问题场景：款式推荐	
问题列表	回复话术
问题场景：尺寸推荐	
问题列表	回复话术

4

续表

问题场景：颜色推荐	
问题列表	回复话术
问题场景：功能推荐	
问题列表	回复话术

三、替代商品推荐场景训练

1. 分析替代商品推荐话术内容

从表示歉意、解释原因、介绍替代品三个方面进行内容编辑，外加替代品商品链接。试填写表 4–3–6。

表 4-3-6　替代商品推荐话术构成及内容要素表

话术构成	表示歉意	解释原因	介绍替代品
内容要素			

2. 编辑替代商品推荐场景回复话术

围绕需求推荐产生的条件，从买家角度拓展相关问题，根据替代推荐话术模板进行内容编辑，外加推荐商品链接。试填写表 4–3–7。

表 4-3-7　替代商品推荐场景训练表

问题场景：缺货推荐	
问题列表	回复话术

任务思考

对于顾客在购买过程中表现出的犹豫不决心理，如何针对不同的需求主动引导用户进行选购？

任务 3-2 关联营销场景训练（淘宝）

任务目标

1. 能根据常见关联营销场景，从买家角度挖掘关联营销相关问题；
2. 能针对关联营销问题设置关联营销话术，并完成关联营销场景训练。

任务背景

李然通过淘宝生意参谋对店铺的运营数据进行分析，发现近一个月的人均成交件数为1.1~1.3件，客单价为70~100元，相较于同级别、同类目的其他店铺客单价略低。近1个月的人均成交件数为1件左右，说明关联营销做得不好。通过与同行业的比较，店铺页面的关联营销设置没有任何问题。问题在于店铺客服没有关联营销意识，沟通过程中不能激发用户的进一步需求。

于是，李然决定从替代关联、互补关联、潜在关联三个方面入手，丰富、优化关联营销话术库，帮助客服提升关联营销技能，提高店铺的客单价。

任务分析

因为线上获客成本越来越高，所以如何让有限的流量贡献更大的价值成为每个店铺追求的目标。而提高客单件最直接、最有效的方法就是关联营销。

替代关联通常通过刺激买家对同款商品一次买多件，主要面向的是犹豫不决的感性买家，以引起买家对商品的注意。互补关联强调搭配的商品和主推商品有直接的相关性，以唤起买家不同场景的商品需要。比如，主推商品是拉杆箱，那么可以搭配双肩包等同场景商品。潜在关联重点是强调潜在互补关系，在推荐过程中不仅要考虑商品之间的共性，还要站在顾客的角度考虑是否实用。

任务操作

一、确定关联商品

通过分析替代关联、潜在关联以及互补关联的适用条件，确定店铺中的 5 种商品之间的关联方式。试填写表 4–3–8。

表 4–3–8　店内商品关联方式分析表

商品	单肩包	双肩包	手提包	拉杆箱	钱包
单肩包	——				
双肩包		——			
手提包			——		
拉杆箱				——	
钱包					——

二、分析关联营销话术内容

根据不同的关联营销适用的条件，分析每种关联营销场景话术的构成要素。试完成表 4–3–9。

表 4–3–9　关联营销场景话术内容要素表

关联营销场景	替代关联	潜在关联	互补关联
考虑要素			

三、关联营销场景训练

围绕关联营销的适用场景，从买家角度拓展相关问题，设置有情感的营销话术，提高智能回复的精准率和商品的客单价。请填写表 4–3–10。

表 4–3–10　关联营销场景训练表

问题场景：替代关联	
问题列表	回复话术

续表

问题场景：互补关联	
问题列表	回复话术

问题场景：买家咨询活动商品	
问题列表	回复话术

任务思考

关联营销的关键在于商品之间要有共性，基于店铺的运营方案，客服在给顾客推荐商品的时候，如何进行精准的推荐？

任务3-3　订单催付场景训练（淘宝）

任务目标

1. 能根据常见的催付场景，从买家角度拓展催付相关问题；
2. 能针对催付问题设置催付话术，并完成订单催付场景训练。

任务背景

李然通过淘宝后台订单管理页面，发现有部分订单处于已拍下未付款状态，于是找到对应的客服工作人员了解具体情况。客服工作人员对此的反馈是：每天面对大量的买家咨询，没有时间对这类用户进行催付跟踪，导致错过了最佳的催付时间。除此之外，店铺提供的催付话术库质量一般，催付成功率极低。

根据以上实际情况，李然准备从运营的角度更新优化催付话术库，提高已拍订单的付款率。

任务分析

订单催付需要注意两个重要问题：催付时间和催付话术。根据订单的催付时间策略，利用催付工具，准时发送催付内容。通过与买家沟通的过程，分析买家未付款的原因，然后有针对性地进行催付话术编辑。

从催付场景的特性出发，通常情况下客服在进行催付的时候，需要告知买家催付原因、催付的商品，以唤起买家的记忆；然后通过阐述利益点，刺激买家购买欲望；最后通过商品紧缺、活动期限即将结束等内容，给买家制造紧迫感，督促其抓紧时间付款，以达到提高已拍订单付款率的目的。

任务操作

一、分析未付款原因及催付内容

利用在与买家沟通过程中，买家通过文字、表情等透露出的信息，分析买家的未付款原因，并根据原因确定催付处理办法。试填写表 4–3–11。

表 4–3–11　买家未付款原因及处理办法

未付款原因	处理办法
对商品存疑虑	
议价不成功	

二、分析订单催付话术内容

从问候语、自报家门、告知目的、强调好处、制造紧迫感五个方面进行内容的编辑。试填写表 4–3–12。

表 4–3–12　订单催付话术构成及内容要素表

话术构成	问候语	自报家门	告知目的	强调好处	制造紧迫感
内容要素					

三、订单催付场景训练

围绕订单催付产生的原因，从买家角度拓展相关问题，设置有情感的订单催付话术，提高智能回复的精准率和已拍订单付款率。试填写表 4–3–13。

表 4-3-13　订单催付场景训练表

<table>
<tr><th colspan="2">问题场景：对商品存疑虑</th></tr>
<tr><th>问题列表</th><th>回复话术</th></tr>
<tr><td></td><td rowspan="3"></td></tr>
<tr><td></td></tr>
<tr><td></td></tr>
<tr><th colspan="2">问题场景：议价不成功</th></tr>
<tr><th>问题列表</th><th>回复话术</th></tr>
<tr><td></td><td rowspan="4"></td></tr>
<tr><td></td></tr>
<tr><td></td></tr>
<tr><td></td></tr>
</table>

任务思考

卖家目前采用的最普遍的催付方式是什么？短信和电话催付对买家有很强的干扰性，现如今还有没有存在的必要性？

____

____

____

____

工作任务三　交易促成（速卖通）

任务目标

1. 能根据不同商品之间的关联关系，向客户推荐商品；
2. 能进行催拍、催付。

任务背景

林峰在经营速卖通店铺的过程中，为提高服务效率，促进成交，会根据客户购买的商品分析客户需求，通过商品推荐帮助客户快速锁定所需商品。

林峰还发现，有些客户在询盘或加购物车之后，并未下单，或者下单后未付款。他分析了客户未下单、未付款的数据，总结了原因，并制订了催拍、催付的对策话术。

任务分析

专业知识和良好的销售技巧的客服，可以帮助买家选择合适的商品，给客户提供更好的购物建议。对客户进行商品推荐时，要根据客户的需求进行有效推荐。

对于进行了商品咨询或加购物车后未下单的客户，需要使用一些促成交易的技巧进行催拍；对于买家下单后暂时没有支付的情况，客服可以及时跟进，通过向买家询问了解原因、提供操作指导、制造紧张感等方式督促买家及时付款。

任务操作

一、商品推荐场景训练

进行商品推荐时，应该考虑商品之间的关联关系和商品搭配销售策略，通过数据分析店铺买家的购买需求，有针对性地进行推荐。试填写表 4–3–1。

表 4–3–1　商品推荐场景训练表

问题列表（英文填写）	回复话术（英文填写）

4

续表

问题列表（英文填写）	回复话术（英文填写）

二、催拍催付场景训练

客户加购物车不付款的原因可能是客户正做选择或比较，也可能是客户暂时不想买了；未付款的客观原因有操作不熟悉、忘记支付密码等，主观原因有议价不成功、货比三家等。客户服务人员应首先查找聊天记录，找到客户未购买或未付款原因，主动出击，通过制造紧张感、核对信息等方式进行催拍、催付。试填写表 4–3–2。

表 4–3–2　催拍催付场景训练表

问题场景：未拍	
问题列表（英文填写）	回复话术（英文填写）
问题场景：已拍未付款	
问题列表（英文填写）	回复话术（英文填写）

任务思考

如何进行有效的商品推荐？催付的主要方法有哪些？

工作任务三　交易促成（亚马逊）

任务目标

1. 能根据不同人群的需求进行商品推荐；

2. 能跟踪店铺的成交转化率。

任务背景

张迦迪在经营亚马逊店铺的过程中，为提高服务效率，促进成交，会根据客户购买的商品分析客户需求，通过商品推荐帮助客户快速锁定所需要的商品。

任务分析

专业知识和良好的销售技巧的客服，可以帮助买家选择合适的商品，给客户提供更好的购物建议。对客户进行商品推荐时，要根据客户的需求，进行合理有效推荐。

任务操作

商品推荐场景训练

商品推荐时应该考虑商品间的关联关系和产品搭配销售策略，通过数据分析店铺买家的购买需求有针对性地进行推荐。试填写表 4-3-1。

表 4-3-1　商品推荐场景训练表

问题列表（英文填写）	回复话术（英文填写）

任务思考

如何提高亚马逊平台店铺的成交转化率？

工作任务四　售后问题处理（淘宝）

任务目标

1. 能遵循纠纷处理流程处理售后纠纷问题；
2. 能从客户角度和纠纷类型设置售后纠纷问题处理话术，并完成售后问题场景训练。

任务背景

艾迪公司日常收到很多售后问题，如商品质量明明很好，但顾客硬要说质量不好，要求退货；或者客户在付款后没有收到货，一直打电话投诉，要求退款等。另外，公司最近推出了一款女士手提包，为了让客户有更好的体验，公司免费赠送一个精美乌鸦毛绒挂件，可就是这个挂件给公司带来了很多麻烦，产生了纠纷，客户认为，本来手提包挺好的，可是为什么送一只乌鸦呢，想让我倒霉吗？真晦气。对此情况，公司的客服显得束手无策，稍微处理不好就会得到差评，且流失大量客户。针对这些情况，李然决定对客服进行纠纷处理培训，提升纠纷处理能力。

任务分析

淘宝纠纷问题的产生原因很多，有些是商品或物流问题，有些是客户自身原因，但都需要妥善处理。一般情况下，先让客服明确纠纷处理流程，根据客户投诉梳理纠纷类型，遵循纠纷处理流程，并从客户角度按照预设话术来进行有效沟通，妥善处理纠纷投诉。

任务操作

一、售后问题分析

售后问题一般指的是客户收到商品后，由于某些主客观原因，对商品使用、退换货流程、商品破损、错漏等方面表示不满，但愿意用沟通协调的方式去解决的问题。试填写表 4–4–1。

表 4-4-1　售后问题分析表

问题类型	问题列表	内容描述
咨询	与商品有关	
	与平台有关	
投诉 / 纠纷	客户对产品质量、数量等不满	
	客服没有对商品进行全面、客观的描述，造成客户误解	
	其他	

二、售后问题场景训练

围绕售后问题场景，挖掘相关问题，编辑合理的回复话术。试填写表 4-4-2。

表 4-4-2　纠纷处理场景训练表

问题场景：咨询相关问题		
问题列表	回复话术	
问题场景：投诉 / 纠纷相关问题		
问题列表	处理方法	话术
客户对产品质量、数量等不满		
客服没有对商品进行全面、客观的描述，造成客户误解		
其他		

任务思考

如果客服心情不好，因态度问题产生了纠纷，该如何处理？

____

____

____

____

工作任务四　售后问题处理（速卖通）

任务目标

1. **能处理客户退换货等问题；**
2. **能处理客户取消订单的问题；**
3. **能主动积极与客户沟通，避免中差评。**

任务背景

与实体店购物不同，在网购过程中如果出现了问题，客户不可能直接去店铺要说法。所以，为了让购物多一份保障，在沟通过程中，客户可能会询问一些关于售后服务的问题。这些问题处理不当还有可能遇到客户取消订单、中差评等售后问题。

任务分析

客户购买商品时，客户服务人员告知顾客商品退换货的条件，不可退换货的产品需告知原因。

客户取消订单，客服人员需了解原因，根据订单是否已发货，积极与客户沟通，采取相应的措施。

速卖通平台不能修改评价，因此要尽可能避免中差评，买家确认收货后，客服应积极地引导客户留下好评；如有中差评，则应及时了解客户不满之处予以解决，并做好客户反馈，避免后续再次出现中差评。

任务操作

一、退换货问题场景训练

买家购买商品后觉得商品不合适、商品质量有问题或者因为其他原因提出退换货请求，卖家需要根据具体原因与买家进行协商。以牛仔裤商品为例，分析退换货问题场景，并编辑合理的回复话术，填写表 4-4-1。

表 4-4-1 退换货问题场景训练表

问题列表（英文填写）	回复话术（英文填写）

二、取消订单问题场景训练

如果客户取消订单，需了解其原因。如订单未发货，可以按客户要求取消订单；如订单已发货，则告知客户已发货，无法追回货物，友好地询问客户是否愿意接受此商品，若客户不接受，建议客户到货后拒签，并协商退款。试填写表 4-4-2。

表 4-4-2 取消订单问题场景训练表

问题场景：订单已发货	
问题列表（英文填写）	回复话术（英文填写）
问题场景：订单未发货	
问题列表（英文填写）	回复话术（英文填写）

三、评价问题场景训练

如果客户给了好评，说明客户对本次购物比较满意。如果客户服务人员能及时回复，会让客户感到被重视，并且有可能成为店铺的回头客。如果客户给了差评，就说明客户对本次购物不满意，客服人员应及时与客户沟通，了解差评原因，并采取相应改进措施，提升商品质量和服务质量，避免后续再出现中差评。试填写表 4-4-3。

表 4-4-3 评价问题场景训练表

问题场景：好评	
问题列表（英文填写）	回复话术（英文填写）
问题场景：中差评	
问题列表（英文填写）	回复话术（英文填写）

任务思考

如何打消客户对售后服务的疑虑？如何有效避免客户的中差评？

工作任务四　售后问题处理（亚马逊）

任务目标

1. 能处理客户退换货等问题；
2. 能处理客户取消订单的问题；
3. 能有效与客户沟通，避免中差评。

任务背景

张珈迪认真、仔细地处理每一笔订单，检查货品，安排发货，以免发生质量问题的纠纷。但是，还是出现了无法避免的售后问题。为提高好评率，增加商品曝光率，客服要尽力提供令卖家满意甚至是超出买家预期的好服务。

任务分析

客户购买商品时，客服人员告知顾客商品退换货的条件，不可退换货的商品需告知原因。

客户取消订单，客服人员需了解原因，根据订单是否已发货，积极与客户沟通，采取相应的措施。

店铺运营要尽可能避免出现中差评，买家确认收货后，客服应积极地引导客户留下好评；如有中差评，则应及时了解客户不满之处并予以解决，做好客户反馈，避免后续再次出现中差评。

任务操作

一、退换货问题场景训练

买家购买商品后觉得商品不合适、商品质量有问题或因为其他原因提出退换货请求，卖家需要根据具体原因与买家进行协商。进行退换货问题场景训练，填写表 4–4–1。

4

表 4-4-1　退换货问题场景训练表

问题列表（英文填写）	回复话术（英文填写）

二、取消订单问题场景训练

如果客户取消订单，需了解其原因。如订单未发货，可以按客户要求取消订单；如订单已发货，则告知客户已发货，无法追回货物，友好询问客户是否愿意接受此商品；若客户不接受，建议客户到货后拒签，并协商退款。试填写表 4-4-2。

表 4-4-2　取消订单问题场景训练表

问题场景：订单已发货	
问题列表（英文填写）	回复话术（英文填写）
问题场景：订单未发货	
问题列表（英文填写）	回复话术（英文填写）

三、评价问题场景训练

如果客户给了好评，说明客户对本次购物比较满意。如果客服人员能及时回复，会让客户感到被重视，并且有可能成为店铺的回头客。如果客户给了差评，就说明客户对本次购物不满意，客服人员应及时与客户沟通，了解差评原因，并采取相应改进措施，提升商品质量和服务质量，避免后续再出现中差评。试填写表 4-4-3。

表 4-4-3　评价问题场景训练表

问题场景：好评	
问题列表（英文填写）	回复话术（英文填写）
问题场景：中差评	
问题列表（英文填写）	回复话术（英文填写）

任务思考

如何打消客户对售后服务的疑虑？如何有效避免客户的中差评？

工作任务五 客户关系维护（淘宝）

任务目标

1. 能通过商家店铺的内部数据库收集客户信息；

2. 能通过客户信息分析对客户进行分类，并提供差异化的服务；

3. 能根据客户流失的原因，采取有效措施挽回客户。

任务背景

为迎接“双 11”活动及提高销售额，李然想充分挖掘店铺老客户价值。但对后台资料查询后发现，店铺没有有效地对客户资料进行收集管理，无法分析出客户类型，更无法进行个性化的沟通并制定营销策略。

李然决定通过商家店铺的内部数据库收集并整理客户信息，分析客户类型并进行差异化服务。同时，在分析过程中，李然发现有些客户购买一次以后就无复购行为，客户流失比较严重，应该分析具体原因，然后采取合理的措施来挽回顾客。

任务分析

客户信息可以从淘宝系统后台和千牛插件、生意参谋、售前客服的聊天记录来收集，可以收集到客户的基本数据、消费数据、行为数据、营销数据等信息。通过对客户消费特性和购物习惯进行分析，可以对客户进行分类，对不同的客户进行差异化分析，提升复购率，实现更优的营销效果。对于流失的顾客，分析客户是因为什么不再光顾店铺，从而采取有效措施来提高客户的满意度与忠诚度，以便提高复购率。

任务操作

一、客户信息收集

客服在千牛平台直接采集到客户的信息，包括客户的收货信息、购买商品信息、购买时间等。当买家持续不断购买产品后，可以收集顾客购买商品的次数、购买频率、页面停留时间等高价值信息。试填写表 4-5-1。

4

表 4-5-1 客户信息分析表

基本数据				消费数据			行为数据			营销数据
用户 ID	姓名	联系电话	收货地址	客单价	购买次数	累计购买金额	最后购买时间	好评率	页面停留时间	订单改价次数

二、客户分类

不同客户信息透露出来的客户消费特性和购物习惯各不相同，因此借助客户信息分析，可以准确把握客户的消费行为表现，并掌握对应方法，可以让销售工作事半功倍。

1. 基于后台数据的自动分类

通过淘宝后台数据分析工具，自动将客户分为沉睡客户、潜在客户、新客户、老客户、大客户、忠诚客户，并依据客户的不同类型采取不同措施进行客户维护，试填写表 4-5-2。

表 4-5-2 客户自动分类分析表 1

客户类型	客户特征	判断指标	客服应对措施
沉睡客户	在网店至少有过一次购买经历，但由于某些原因不愿意再次光顾网店或选择暂时性沉睡		
潜在客户	这类顾客访问过网店或咨询过客服，但还没有产生实质性的购买交易		
新客户	与网店刚产生第一笔交易，第一次在网店消费的顾客，是网店的新生力量		
老客户	在网店中有多次购买经历		

续表

客户类型	客户特征	判断指标	客服应对措施
大客户	购买的次数不算太多，但每次的购买数量和消费金额都是巨大的		
忠诚客户	很清楚网店的上新时间、商品性能，与客服人员非常熟悉		

2. 基于人工客服的手工分类

通过人工客服与顾客聊天服务中收集的信息，也可以手工将顾客分为犹豫不定人群、果断人群、爱优惠人群等，并依据客户的不同类型采取不同措施进行客户维护。试填写表4-5-3。

表 4-5-3　客户人工分类分析表 2

情况描述	客户类型	客服应对措施
客户一直在询问商品信息，未下单	犹豫不定人群	
客户简单询问，立即下单	果断人群	
客户要求能给折扣、送礼物	爱优惠人群	

三、挽回流失客户

针对流失客户，分析客户流失原因，并制定有针对性的挽回措施。试填写表 4-5-4。

表 4-5-4　客户流失挽回分析表

客户流失原因	挽回措施
客户忘记店铺名字	
客户购买的满意度下降	
客户的选择过多	
价格问题	

4

任务思考

店铺为了更详细地了解女性网购者的消费习惯，决定对客户信息进行收集分类，请分析店铺需要收集哪些信息，可以从哪些渠道收集客户信息？

工作任务五　客户关系维护（速卖通）

任务目标

1. 能对客户信息进行收集、分类；
2. 能分析客户流失原因，并能采取措施挽回流失客户。

任务背景

林峰在经营速卖通店铺的过程中，决定对已积累的客户信息进行收集、分类，以便制定不同的营销策略。

在速卖通平台，开发新客户的成本比维护老客户的成本要好几倍。因此，挽回流失客户是客户关系维护的一项重要内容。林峰也非常重视这一点，他通过对客户订单数据的分析，有针对性地采取了不同的措施，以挽回流失客户。

任务分析

卖家在速卖通后台“营销活动”中可以根据客户人群的不同属性对客户信息进行收集，并对客户数据进行整理分类。

要挽回流失客户，需要分析客户不再光顾店铺的原因，并制定有针对性的措施，努力挽回客户。

任务操作

一、客户信息收集

通过速卖通卖家后台“客户管理与营销”以及客户服务过程收集客户信息。试完成表4–5–1。

表 4-5-1　客户信息收集表

基本属性	姓名					
	国家					
	是否粉丝					
	成交次数					
	累计成交额					
	成交订单均额					
RFM 属性	最近一次消费					
	消费频率					
	消费金额 / 元					
营销属性	停留时长 / 秒					
	商品页浏览数 / 次					
	店铺所有页面浏览数 / 次					
	加购数					
	加收藏数 / 次					
积分属性	A0：0					
	A1：1					
	A2：100					
	A3：500					
	A4：2 000					
标签属性	VIP 会员					
	补单客户					
	新品响应客户					
	大促购买客户					
自定义属性						

二、客户分类

不同类型客户的消费特性和购物习惯各不相同，因此，借助客户信息分析，准确把握客户的消费行为表现，对客户分类并进行分类管理，可以为客户提供个性化服务与专业化营销，让销售工作事半功倍。试填写表 4-5-2。

表 4-5-2　客户分类表

客户类别	分类依据	客户数量	管理策略

续表

客户类别	分类依据	客户数量	管理策略

三、挽回流失客户

挽回流失客户可以从客户的满意度与忠诚度着手。通过短信问候、店铺优惠活动推送、根据客户的分类标签及时了解客户以往的需求；通过进行商品推荐、客服高水平的服务态度和服务效率来提升客户的满意度；通过定期回访客户、会员积分系统等措施来提高客户的忠诚度。试填写表 4–5–3。

表 4–5–3　流失客户分析表

流失原因	挽回流失客户方法
需求转移或消费习惯改变	
忘记店铺	
满意度下降	
竞品因素	
价格因素	
其他原因	

任务思考

对店铺客户进行分类管理有什么意义？如何有效防范店铺客户流失？

工作任务五　客户关系维护（亚马逊）

任务目标

1. 能对客户信息进行收集；
2. 能对客户信息进行分类。

任务背景

张珈迪在经营亚马逊店铺的过程中积累了一定数量的客户，他决定对客户进行收集、分类，以便制定不同的营销策略。

任务分析

企业进行客户关系维护的第一步就是对客户信息进行收集和整理，只有充分了解客户的信息，才能以正确的方式，向正确的客户，在正确的时间，提供正确的服务。因此，可以通过交易记录、营销活动等店铺数据进行客户信息收集，并进行信息分类。

任务操作

一、客户信息收集

通过交易记录、营销活动等店铺数据获得客户信息，试填写表 4-5-1。

表 4-5-1　客户信息收集表

基本属性	姓名						
	国家						
	成交次数						
	累计成交额						
	成交订单均额						
RFM 属性	最近一次消费						
	消费频率						
	消费金额						
自定义属性							

二、客户分类

不同的客户信息透露出来的客户消费特性和购物习惯各不相同，因此借助客户信息分析，准确把握客户的消费行为表现，对客户分类并进行分类管理，可以为客户提供个性化服务与专业化营销，让销售工作事半功倍。试填写表 4-5-2。

表 4-5-2　客户分类分析表

客户类别	分类依据	客户数量	管理策略

任务思考

对店铺客户进行分类管理有什么意义？

郑重声明

防伪查询说明

资源服务提示

授课教师如需获得本书配套教辅资源，请登录"高等教育出版社产品信息检索系统"(http://xuanshu.hep.com.cn/) 搜索本书并下载资源。首次使用本系统的用户，请先注册并进行教师资格认证。

也可电邮至资源服务支持邮箱：songchen@hep.com.cn，申请获得相关资源。

本书编辑邮箱 :wangpei@hep.com.cn。

高教社电商专业交流 QQ 群号：218668588。

1+X 网店运营推广证书 QQ 群号：914698451。